BIBLIOTHÈQUE DRAMATIQUE

Théâtre moderne.

ROME

Drame en 5 Actes et 12 Tableaux,

Défendu par ordre de l'Autorité à la 4ᵉ Représentation.

Prix : 1 franc.

en vente :

L'ASSEMBLÉE NATIONALE COMIQUE

170 dessins inédits de CHAM, texte par A. LIREUX

1 beau volume grand-in-8°, publié en 40 livraisons à 30 centimes.

La 36ᵉ livraison est en vente.

Il en paraît une ou deux chaque semaine.

MICHEL LÉVY FRÈRES, LIBRAIRES-ÉDITEURS

d'Alexandre Dumas format in-18 anglais, et du Théâtre de Victor Hugo.

RUE VIVIENNE, 1

PARIS. — 1849

PIÈCES DE THÉATRE

PARUES DANS LA BIBLIOTHÈQUE DRAMATIQUE,

FORMAT IN-18 ANGLAIS.

Titre	Prix
Le Gant et l'Éventail, c.-v. 3 a.	» 1 00
La Baronne de Blignac, v. 1 a.	» 60
L'Inventeur de la Poudre, v. 1 a.	» 60
Le Chât. des Sept-Tours, dr. 5 a.	2 «
Sport et Turf, vaud. en 2 actes.	» 60
Le Docteur Noir, dr. en 7 actes.	» 60
Charlotte, drame en 5 actes. . .	» 60
Clarisse Harlowe, dr. en 5 act. .	» 60
Madame de Tencin, dr. en 5 a.	3 »
Don Gusman, comédie en 5 act.	» 60
Le Bonhomme Richard, v. 5 a.	» 60
Gentil-Bernard, c.-vaud. en 5 a.	» 60
Échec et Mat, drame en 5 actes. .	1 »
Un Mari qui se dérange, v. 2 a.	» 60
La Closerie des Genêts, d. 6 a.	» 60
Une Chambre à deux Lits, 1 a.	» 60
Les Demoiselles de Noce, v. 2 a.	» 60
Le Nœud Gordien, dr. en 5 act.	» 60
Pierre Février, c.-v. en 1 acte.	» 60
Gibby la Cornemuse, op.-c. 5 a.	1 »
Le Lait d'Anesse, c.-v. en 1 act.	» 60
La Poudre-coton, revue en 5 a.	» 60
Diable ou Femme, com. en 4 a.	» 60
Un Mari fidèle, com.-v. en 1 act.	» 60
Robert Bruce, opéra en 5 actes.	1 »
Marie, ou l'Inondation, dr. 5 a.	» 60
Les Myst. du Carnaval, dr. 5 a.	» 60
Mademoiselle Navarre, v. 1 a.	» 60
Trois Rois, Trois Dames, v. 5 a.	» 60
Un Coup de Lansquenet, c. en 2 a.	» 60
Irène, ou le Magnétisme, v. 2 a.	» 60
En Province, comédie en 5 actes.	» 60
Le Filleul de t. le monde, v. 4 a.	» 60
Le Fantôme, com.-vaud. en 1 a.	» 60
La Reine Margot, dr. en 13 tabl.	1 »
Une Fièvre brûlante, c.-v. en 5 a.	» 60
Bertram le Matelot, dr. en 5 act.	» 60
Alceste, tragédie en 5 actes.	1 »
L'Enfant de l'Amour, vaud. 5 a.	» 60
Notre Fille est Princesse, dr. 5 a.	» 60
La Reine Argot, parodie en 7 tabl.	» 60
Palma, drame en 5 actes.	» 60
Un Docteur en Herbe, c.-v. 2 a.	» 60
La Loge de l'Opéra, dr. en 5 act.	» 60
Ce que Femme veut. vaud. 2 a.	» 60
Léonard le Perruquier, v. 4 a.	» 60
Le Bouquet de l'Infante, o.-c. 5 a.	1 »
Un Coup de Vent, vaud. en 1 acte.	» 60
Père et Portier, vaud. en 2 actes.	» 60
Le Chiffonnier de Paris, d. 5 a.	1 »
La Vicomtesse Lolotte, vaud. 5 a.	» 60
Le Trottin de la Modiste, v. 2 a.	» 60
Les Nuits blanches, v. en 2 actes.	» 60
Les Étouffeurs de Londres, d. 5 a.	» 60
La Bouquetière, opéra en 1 acte.	1 »
Les Notables de l'endroit, c. 5 a.	» 60
Robert Bruce, dr. en 5 actes. . . .	» 60
Pour arriver, drame en 5 actes.	» 60
Intrigue et amour, dr. en 9 tabl.	1 »
Un Mousquetaire gris, v. en 2 a.	1 »
Le Jeune Père, c.-vaud. en 2 a.	» 60
L'École des Familles, c. en 5 a.	1 »
Le Chirurgien-Major, v. en 1 a.	» 60
Charlotte Corday, dr. en 5 actes.	» 60
Le Chev. de Maison-Rouge, d. 5 a.	1 »
Les Deux Foscari, o. 4 a. de Verdi	1 »
Les Chiffonniers, vaudev. en 5 a.	» 60
Léa, ou la Sœur du Soldat, d. 5 a.	» 60
Le Fils du Diable, dr. 12 tabl.	» 60
Le Bonheur sous la main, v. 1 a.	» 60
Rose et Marguerite, c.-v. en 5 a.	» 60
Simon le voleur, dr. en 4 actes.	» 60
Isabelle de Castille, dr. en 5 ac.	» 60
Le Réveil du Lion, c.-v. en 2 a.	» 60
Le Chevalier d'Essonne, v. 5 a.	» 60
Les Premiers beaux Jours, v. 3 a.	» 60
Regardez, mais ne touchez pas, comédie en 5 actes.	» 60
Martin et Bamboche, d. 10 tabl.	1
L'Ordonnance du médecin, v. 1 a.	» 60
Le Coin du Feu, com.-vaud. 1 a.	» 60
Cléopâtre, tragédie en 5 actes. . .	1
Jacques le Fataliste, vaud. 2 a.	» 60
Gastibelza, drame lyrique. 5 act.	1
Une Jeune Vieillesse, dr. 5 act.	» 60
Les premiers Pas, op. com. 1 a.	» 60
Jérôme le maçon, com.-vaud. 2 a.	» 60
Jérusalem, opéra en 4 actes. . . .	1
En Bonne Fortune, coméd. 1 a.	» 60
Le Trésor du pauvre, dr. en 5 a.	» 60
La dernière conquête, c.-v. 2 a.	» 60
Un Château de cartes, com. 5 a.	» 60
Hamlet, drame, 5 actes et 8 tab.	1
Un Banc d'Huîtres, revue 7 tab.	» 60
Les Gens, comédie en 2 actes, . .	» 60
Les Tribulations d'un grand Homme, comédie en 5 actes. .	» 60
Le Journal d'une Grisette, v. 3 a.	» 60
La Marinette, comédie en 1 acte.	» 60
Les Mém. de Grammont, v. 1 a.	» 60
Lavater, coméd.-vaud. en 2 a . .	» 60
Hortense de Blengie, dr. en 5 a.	» 60
Les Mousquetaires de la Reine, opéra-comique en 3 actes, ...	1
Le Marquis de Lauzun, v. 1 a.	» 60
Léonie, drame en 1 acte.	» 60
Les Extrêmes se touchent, v. 1 a.	» 60
Amour et Bergerie, coméd. 1 a.	» 60
Le Fruit défendu, vaudev. 1 a.	» 60
Le Petit-Fils, vaudeville en 1 a. .	» 60
Griseldis, ballet en 5 actes. . . .	1
La Clef dans le dos, vaud. en 1 a.	» 60
Notre-Dame-des-Anges, d. 5 a.	» 60
Le Collier du Roi, dr. en 1 acte.	» 60
Gille Ravisseur, op.-bouf. en 1 a.	» 60
Un Jeune homme pressé, v. 1 a.	» 60
Le pouvoir d'une femme, v. 2 a.	» 60
Le 24 Février, drame.	» 60
Vertris, vaudev. 2 actes.	» 60
La Foi, l'Espérance et la charité, drame en 5 actes	» 60
Un Voyage sentimental, v. 2 a. .	1
Le Md de jouets d'enfant, v. 1 a.	» 60
Une Poule, vaudev. en 2 actes. . .	» 60
Horace et Caroline, v. en 2 a. . . .	1
Le Maréchal Ney, dr. en 5 actes.	1
Éric, ou le Fantôme, dr. en 5 a.	» 60
Guillaume le débardeur, dr. 5 a.	» 60
Le Démon familier, v. en 5 act.	» 60
Un et un font un, vaud. en 1 act.	» 60
Les Frais de la guerre, c. 5 act.	1
La Niaise de St.-Flour, v. 1 act.	1
Marceau, drame en 5 actes.	» 60
Un Déménagement, vaud. 1 act.	» 60
Les prem. Coquetteries, v. 1 a.	» 60
Les Portraits, comédie en 1 a. . .	» 60
La Marâtre, drame en 5 actes. . .	1
Le Morne-au-Diable, dr. en 5 a.	1
Le premier Coup de canif, v. 2 a.	» 60
Le vrai Club des femmes, c. 2 a.	1
Jeanne Mathieu, vaudev. 1 acte	» 60
La Taverne du Diable, dr. 5 a.	» 60
La Comtesse de Sennecey, d. 5 a.	» 60
Le Camp de St-Maur, v. en 1 act.	» 60

ROME,

DRAME A GRAND SPECTACLE, EN CINQ ACTES

ET DOUZE TABLEAUX,

PAR MM. FERDINAND LALOUE ET FABRICE LABROUSSE

Mise en scène de M. Cormon,

Musique du drame, de M. Ad. Vaillard ; musique du ballet, de M. Aug. Morel ;
Ballet de M. E. Lerouge ; Décorations de MM. Devoir, Wagner et Ch. Laloue ;

REPRÉSENTÉ, POUR LA PREMIÈRE FOIS, A PARIS, SUR LE THÉATRE DE LA
PORTE SAINT-MARTIN, LE 29 SEPTEMBRE 1849 ;

Et défendu par ordre de l'autorité à la 4e représentation.

DISTRIBUTION DE LA PIÈCE.

MASTAI FERRETTI	MM. JEMMA.
LE BARON DE WESTERN	MOESSARD.
ANGELA, sa fille	Mme DHARVILLE.
BERNARD, sergent	M. H. VANNOY.
LA MÈRE BERNARD	Mme DEVAUX.
L'AMBASSADEUR DE FRANCE	MM. MUNIÉ.
RODOLFO	ROBERT DROUVILLE.
LE CARDINAL BALFI	CH. POTIER.
LE CARDINAL MORENO	MULIN.
LE CARDINAL GREGORIO	ARTHUR.
GAETANO	CH. LINVILLE.
UN TRIUMVIR	ROGER.
UN CAMÉRIERE	TOURNAN.
LE COMMANDANT DES TROUPES PONTIFICALES	VISSOT.
UN VIEILLARD. } UN CHEF DE BARRICADES. }	ALF. ALBERT.
REMY, soldat. } UN HOMME DU PEUPLE. }	LANSOY.
UN CABARETIER	BENJAMIN.
UN SUISSE	MARCHAND.
UN GÉNÉRAL DE LA LÉGION ÉTRANGÈRE	DEVÉRIA.
BURGER. } UN NOTABLE. }	COTI.
UN GUICHETIER	MERCIER.
UN GOUVERNEUR	E. POTONNIER.
PREMIER OFFICIER	ALEXANDRE.
DEUXIÈME OFFICIER	OGEZ.
UN SOLDAT	PRÉAULON.
DEUXIEME HOMME DU PEUPLE	BRUNO.
CHARLOTTE	Mlles DELESTRA.
UNE FEMME DU PEUPLE	LOUISE.
UN DOMESTIQUE	M. MONNET.

UN GÉNÉRAL, OFFICIERS, CANTINIÈRES, SOLDATS FRANÇAIS, SOLDATS AUTRI-
CHIENS, SOLDATS DU PAPE, CARDINAUX, TRIUMVIRS, ECCLÉSIASTIQUES, PEUPLE.

ACTE I.

PREMIER TABLEAU.

LE CAMP.

Le théâtre représente un site pittoresque en Allemagne. — A gauche, un vieux château gothique avec un balcon. — Dans le fond, deux chemins praticables bordés d'arbres et de maisons. Sentinelles sur les hauteurs. Aspect d'un cantonnement.

SCENE I.

LE BARON DE WESTERN, ANGÉLA, MALAFIERI.

(*Ils entrent lentement par le fond de droite. Angéla, qui semble convalescente, s'appuie sur le bras du baron de Western son père.*)

LE BARON.

Eh bien ! ma fille, cette promenade t'a fait du bien, n'est-ce pas ?

ANGÉLA.

Oui, mon père... je me trouve mieux, beaucoup mieux... Je suis même un peu confuse d'avoir été malade pour une émotion passagère, pour un danger qui n'a duré qu'un instant....

LE BARON.

Viens, rentrons...

ANGÉLA.

Tout à l'heure... la soirée est si belle !... (*Elle va s'asseoir sur un banc.*)

LE BARON, *en la suivant des yeux, bas à Malafieri.*

Tenez, monsieur le comte, jamais enfant ne fut aimé de son père plus que ma fille n'est aimée de moi. Eh bien, n'est-il pas singulier qu'elle soit presque toujours disposée à une sorte d'agitation et de crainte, comme si elle vivait sous un despotisme inexorable ?...

MALAFIERI.

Monsieur le baron, du jour où je fus si honorablement accueilli, là, dans votre château, grâce aux lettres que je vous apportais de vos amis d'Italie, j'ai remarqué en mademoiselle de Western ce caractère que vous venez d'indiquer... Mais ne vous en alarmez point... vous ne tarderez sans doute pas à la marier, et la mère de famille montrera dans une existence nouvelle, des habitudes toutes différentes...

LE BARON.

Oui, peut-être, comme sa mère, ange remonté au ciel ; d'abord, jeune fille sans résolution, sans volonté, et puis, femme à vous étonner par son énergie!... (*Il va vers Angéla.*)

MALAFIERI.

Il ne faut pas oublier, non plus, que dans votre Allemagne, il n'est pas rare de rencontrer des organisations romanesques... n'est-il pas vrai, mademoiselle?

ANGÉLA.

On nous en accuse, du moins....

MALAFIERI.

Ce n'est pas moi qui m'en plains; mais, si c'était une accusation, on pourrait, en ce moment même, vous surprendre pièces en main....

ANGÉLA.

Vous voulez parler de ces fleurs bien fanées déjà et que j'aime à entourer de fleurs nouvelles !.... Ah ! je tiens à les conserver, longtemps, toujours.... Elles me rappellent cette heure terrible où, pour les cueillir, je manquai disparaître à jamais dans les eaux profondes du Danube....

MALAFIERI.

Elles vous rappellent sans doute aussi l'homme trop heureux dont le hasard fit votre sauveur ?...

ANGÉLA, *se levant.*

Le hasard, monsieur !... Moi, je veux dire le courage, le dévoûment!... Ceux qui de la rive me voyaient me debattre dans les flots, hésitaient ; il n'hésita pas lui !... Il accourut, il se précipita, et me rendit à mon père abandonné au désespoir... Ah ! il peut, il doit compter sur notre éternelle reconnaissance!... Venu de l'Italie pour se joindre aux soldats de la France qui nous entourent, il va, bien loin, dans la sombre Russie, courir des dangers, affronter la mort ! mes prières le suivront, et Dieu le gardera en récompense de m'avoir sauvée pour aimer mon père !.

LE BARON.

Bien, ma fille !... Et si jamais le sort ramène parmi nous monsieur Mastaï, fût-ce dans de longues années, il nous trouvera pénétrés de gratitude comme le jour même où il te rendit à ma tendresse...

MALAFIERI, *à part.*

Et moi, je compte sur les Russes pour me débarrasser de ce sauveur de jeunes filles...

LE BARON.

Maintenant, rentrons; nous avons à causer de choses assez importantes... Ainsi donc, monsieur le comte, rien ne vous oblige à suivre l'armée qui va se mettre en marche ?...

MALAFIERI.

Non certainement... Vous le savez, mes fonctions ne sont pas militaires; elles ont pour objet de surveiller la marche des corps de troupes qui rejoignent la grande armée, et de dresser un travail d'observations que notre gouvernement regarde comme très-essentiel.... Je reste ici quelque temps encore, je l'espère...

ANGÉLA.

Mon père, voici monsieur Mastaï accompagné de quelques officiers... Nous ne pouvons pas rentrer au château sans les saluer, car ils viennent vers nous...

LE BARON.

Certainement...

SCÈNE II.

Les Mêmes, MASTAI, Officiers Autrichiens.

On se salue.

LE BARON.

Veniez-vous nous voir, monsieur Mastaï !

MASTAÏ, *souriant et désignant les officiers.*

Monsieur le baron, je sais jusqu'où va votre bienveillante hospitalité... mais vous auriez pu penser que tout un corps d'armée vous faisait une visite...

LE BARON.

Le château est grand, et soyez assuré que nul n'y viendra sous vos auspices sans être reçu comme un ami...

MASTAÏ.

Je vous remercie... Nous nous promenions à travers les cantonnements des troupes françaises... c'est toujours intéressant à voir... un ordre admirable, une discipline dignement obtenue, car elle ne prend pas pour mobile la crainte du châtiment, mais l'honneur, ce noble frère du courage ! (*A Angéla.*) Mademoiselle, la santé nous revient, je le vois à ces couleurs qui reparaissent sur votre visage...

ANGÉLA.

Monsieur, sans vous, ce n'est pas la santé seulement que j'aurais perdue, c'est la vie...

MASTAÏ.

C'est à Dieu que nous devons rendre grâce... moi surtout... en me donnant l'occasion de vous retirer d'un péril, il m'a montré qu'il veillait sur moi...

MALAFIERI.

Monsieur a de la religion...

MASTAÏ.

Pourquoi pas, monsieur ? (*Regardant Angéla.*) Il est si doux de croire !...

LE BARON.

Ah ça, mais, monsieur Mastaï, vous voilà avec l'uniforme français, et pourtant vous appartenez au contingent d'Italie, à l'armée autrichienne, marchant, il est vrai, avec l'armée française, mais sous ses propres drapeaux...

MALAFIERI.

Monsieur a passé, je ne dirai pas à l'ennemi, mais aux alliés...

MASTAÏ.

Je n'abandonne personne, monsieur, mais je passe volontiers où le devoir m'appelle, ainsi que la volonté de mes chefs... Ce changement d'uniforme est facile à expliquer... Le général Parthouneaux m'a fait l'honneur de me placer parmi ses aides de camp... (*Souriant.*) Permettez-moi, malgré mon humilité chrétienne, d'être flatté de cette marque d'estime...

LE BARON.

Eh bien, messieurs, nous allons porter un toast à la fortune du nouvel aide de camp... Venez, il y a au château de Western du vin du Rhin pour de semblables occasions...

MASTAÏ, *bas à Angéla.*

Mademoiselle, l'ordre du départ est donné; avant de m'éloigner, ne pourrais-je, pour la première fois, peut-être pour la dernière, obtenir de vous un moment d'entretien ?...

ANGÉLA, *de même.*

Eh bien là, dans une heure...

MASTAÏ.

Merci !... (*Il lui prend la main et tous se dirigent vers le château.*)

MALAFIERI, *à part, le regardant.*

Qu'importe ! il va partir !...

LE BARON, *à l'entrée du château.*

Eh bien, messieurs... (*Ils entrent dans le château. Au même moment, on entend un bruit de tambours qui se rapproche; les sentinelles, qui ont paru et disparu, se placent immobiles sur les hauteurs et sur divers points des sentiers. Des soldats français entrent en ordre de marche, suivent les commandements de circonstance, forment les faisceaux, rompent les rangs et se disposent en divers groupes, pendant que des feux s'allument çà et là et que le théâtre prend l'aspect d'un bivouac.*)

SCENE III.

RÉMY, Officiers, Sous-Officiers, Soldats, *puis* BERNARD.

RÉMY.

Vous allez voir si je vous ai pronostiqué la véritable vérité...

nous venons de saluer le maréchal qui commande notre corps d'armée... L'empereur n'est pas loin de notre personne, et, d'une minute à l'autre, nous allons filer vers des parages plus lointains... voilà !...

UN SOLDAT.

Eh bien ?

RÉMY.

Eh bien, voilà... au surplus, le sergent Bernard est là... demandez-lui s'il n'est pas de mon sentiment et opinion...

BERNARD, *à des soldats qui font la cuisine.*

Eh bien ! messieurs de la corvée de cuisine, ça sera-t-il bien parfumé, votre fricot ?

UN SOLDAT.

Dame, sergent, on pourrait avoir mieux...

BERNARD.

Vous êtes pourtant les Véry de la grande armée...

LE SOLDAT.

Véry !

BERNARD.

Oui, un restaurateur de première qualité, à telles enseignes que dans sa boutique, au Palais-Royal, on a vu des monarques se battre en duel pour avoir une place grande seulement comme la main... Et voilà seulement tout ce que vous avez ? un restant de bouillon de ce matin, un restant de carottes, et un restant de bœuf quelconque ?... Eh bien, avec de l'adresse et de l'aplomb, ça peut vous faire trois services... *(Il va s'asseoir dans un coin, et tire de sa poche une lettre qu'il parcourt.)*

RÉMY, *à un soldat qui apprête les portions.*]

Dis donc, je retiens cette carotte-là... *(Il revient sur le devant et regarde Bernard.)* Voilà le sergent Bernard dans la poste aux lettres... sa lecture me fait l'effet de le submerger dans des réflexions...

BERNARD, *à part, après avoir remis la lettre dans sa poche.*

Elle le fera comme elle le dit et l'écrit, la bonne mère... Un de ces jours elle partira du pied gauche, de là-bas, en Italie, et tombera comme une bombe dans mes bras !...

RÉMY, *s'avançant avec d'autres soldats.*

Eh bien, sergent, est-ce une lettre en douceur que vous étiez en train de décomposer en douze temps ?

BERNARD.

Parfaitement en douceur...

RÉMY.

Brune ou blonde ?

BERNARD.

Entre les deux, c'est-à-dire tirant sur le gris...

RÉMY.

Tiens ! je supposais une jeunesse...

BERNARD.

Une jeunesse ?... je ne prétends pas leur avoir dit un adieu indéfini... On ne sait pas... mais pour ce qui est de la présente, la femme qui me l'a expédiée peut se vanter que Vénus elle-même, en grande ou petite tenue, ne me la ferait pas oublier la valeur d'une seconde... (*Se levant.*) C'est ma mère !

RÉMY.

Ah ! et elle est toujours en Italie ?

BERNARD.

Toujours, dans une petite ville qu'on appelle Sinigaglia, où elle s'était retirée après la mort de mon pauvre père, emporté par un obus à Marengo... Ah ! voilà ce qu'il y a de triste dans le métier !... vous avez une famille que vous aimez ? adieu !... car on ne peut pas dire au revoir... (*On distribue des portions. Brusquement.*) Ah ! voilà la ratatouille ! (*Il s'assied à droite sur un tambour et mange.*)

RÉMY.

Le festin ne sera pas long... (*On se groupe autour des gamelles. Repas. Cette scène muette est occupée par une ronde qui monte, descend et remonte les praticables, et s'éloigne. — Musique.*)

LE SOLDAT DE CORVÉE, *apportant une portion à Bernard.*

Tenez, sergent...

BERNARD.

Nous voilà au troisième service...

LE MÊME SOLDAT, *donnant une autre portion à Rémy.*

Tiens, toi... v'là ta carotte !

RÉMY.

Tu l'as changée, ce n'est pas la même !

LE SOLDAT.

Ah ! bien, t'en auras une plus grosse une autre fois... (*Il retourne au feu et en distribue d'autres.*)

RÉMY, *à Bernard.*

Dites-moi donc, sergent, ces kainserlicks, [autrement dit ces Autrichiens avec qui nous marchons maintenant comme plusieurs paires d'amis, il y a longtemps que vous les connaissez, vous ?

BERNARD.

Mais, oui ; je faisais partie de la musique qui les a mis en danse à Arcole, à Wagram et autres localités...

RÉMY.

Se battent-ils bien ?

BERNARD.

Ils se battent comme des poteaux...

RÉMY ET QUELQUES SOLDATS.

Des poteaux !...

BERNARD.

Oui, ou bien comme des poutres, si tu le préfères... C'est-à-dire que tant qu'ils ne sont pas descendus, ils restent debout et immobiles : ce qui est encore une manière d'avoir du courage.

RÉMY.

Et aurons-nous de l'agrément à les fréquenter ?

BERNARD.

Ça dépendra... Et tenez, pas plus tard qu'avant hier, je me suis rencontré en flânant avec des officiers et sous-officiers de ce même peuple. Eh bien, j'en ai été satisfait.

RÉMY.

Votre conversation leur aura donné dans l'œil.

BERNARD.

Possible... Il y en avait un, voyez-vous... celui-là, qu'on me dit, c'est un saint !

RÉMY.

Un saint ?

BERNARD.

Oui, comme qui dirait saint Pierre, saint Joseph, un patron quelconque, enfin !

RÉMY.

Ah bah !

BERNARD, se levant et donnant sa gamelle à un autre.

Un saint officier, ai-je dit ?... C'est du nouveau !... Effectivement, comme on allait se mettre à manger un morceau, même que j'avais été invité, voilà mon particulier qui se met à dire le Benedicite, comme ils l'appellent, là sans se gêner, de même que s'il avait été au milieu d'une troupe de moines ou d'enfants de chœur. (On rit.) Ça m'a paru d'une bizarrerie fastidieuse... et je me suis dit : toi, si tu ressembles à quelque chose, ça ne peut être qu'à une poule mouillée et bien mouillée.

TOUS.

Ah ! oui, par exemple !

BERNARD, reprenant.

Eh bien, pas du tout ; au dire d'un chacun, il n'y en a pas de plus fringant lorsqu'il s'agit de se donner des atouts...

RÉMY.

Vous m'étonnez, sergent.

BERNARD.

Oui, c'est comme ça... Il est connu et reconnu que, dans le tremblement, mon saint officier se démène comme un diable dans un bénitier...

RÉMY.

Tiens, tiens, tiens!... Ah ça, l'avez-vous vu devant une bouteille?

QUELQUES SOLDATS.

Oui, l'avez-vous vu?

BERNARD.

Oui, et il l'a parfaitement attaquée...

TOUS.

Vraiment!

RÉMY, *en confidence,*

Avez-vous entendu dire si, relativement à la beauté...

BERNARD.

Quant à ça, c'est une question intrinsèque et particulière... Néanmoins, je suppose qu'il ne ferait pas comme cet autre dont on m'a conté l'histoire en Egypte; il ne laisserait pas son manteau pour échapper à une jolie femme bien disposée... (*Mastaï et les officiers autrichiens sortent du château.*) Quand on parle... Tenez! le voilà, en personne, mon jeune kainserlick!...

RÉMY.

Lequel?

BERNARD.

Pardieu! celui qui porte l'uniforme d'aide de camp.

RÉMY.

Je suis curieux de le voir à une petite distance.

BERNARD.

Ça te sera possible, puisque je vais les saluer. (*Il s'est avancé.*) Halte! sans vous offenser!...

SCÈNE IV.

LES MÊMES, MASTAÏ, OFFICIERS AUTRICHIENS.

MASTAÏ.

Ah! notre ami, le sergent!

BERNARD.

Flatté! vous m'avez fait accueil nonobstant la différence de grade... à mon tour, sauf votre respect... Et si vous voulez trinquer en passant avec de l'eau-de-vie de France et en compagnie de Français, le tout qualité supérieure, vous nous ferez honneur, à charge de revanche.

MASTAÏ.

Comment donc! mais avec plaisir... n'est-ce pas, messieurs?

LES OFFICIERS.

Certainement... avec plaisir!

BERNARD.

Rémy, fais avancer Joséphine à l'ordre. (*Rémy va chercher une cantinière et revient avec elle.*)

MASTAÏ, *à Bernard.*

Vous avez parlé de différence de grade, c'est une hiérarchie qu'il faut observer et respecter partout; mais ce qui est également vrai, c'est qu'aucune armée ne donne ce qu'on trouve en France, des soldats, qui, presque sans exception, sont tous capables de devenir officiers.

BERNARD.

Merci, lieutenant; c'est peut-être bien une affaire de territoire et de tempérament... (*A la cantinière.*) Allons, Joséphine, verse, et bonne mesure! (*Bas à Rémy pendant que l'on verse.*) Eh bien! Rémy, qu'en dis-tu?

RÉMY.

Il me va. (*Tous tiennent le verre à la main et personne ne boit.*)

MASTAÏ, *à Bernard.*

Sergent, à vous de proposer une santé...

BERNARD.

Vous me faites honneur, lieutenant; mais... eh bien! à tous ceux qui suivent notre drapeau... Et que le diable extermine les traîtres, si jamais il y en a!

TOUS.

Oui, c'est ça... très-bien, sergent!

UN SOLDAT, *à Rémy qui a un verre plus grand que les autres, et lui montrant un camarade.*

N'oublie pas que c'est pour nous trois.

RÉMY.

Certainement, certainement... soyez tranquilles!...

MASTAÏ, *levant son verre.*

A mon tour... A la France! étoile des peuples dans le chemin de la gloire et de la liberté! (*Se découvrant.*) Que Dieu la protége jusqu'à l'avenir le plus reculé!

TOUS, *levant leurs verres.*

A la France! à la France!... (*Ils boivent.*)

LE SOLDAT, *à Rémy.*

Eh ben! dis donc!... et nous?

RÉMY, *versant la dernière goutte dans le creux de sa main.*

Ma foi! tant pis, j'ai tout bu!...

BERNARD, *à Rémy.*

Eh bien ! Rémy ?

RÉMY, *attendri.*

Certainement, sergent... Il a de ça l'officier !... (*Il se frappe sur le cœur.*)

MASTAÏ, *sur le devant, à lui-même.*

La nuit s'avance... (*Regardant du côté du château.*) Bientôt je pourrai lui parler. (*Haut.*) Venez-vous, messieurs? (*Aux soldats.*) Adieu, mes amis, adieu ! (*Il fait quelques pas vers le fond.*)

BERNARD.

Comment, adieu ! au revoir, quand même il nous tomberait indéfiniment une pluie de bombes et de biscaïens !... (*Hésitant à lui prendre la main.*) Lieutenant, je ..(*Mastaï la lui tendant; il la saisit.*) Ah !' merci ! (*Mastaï remonte, Rémy s'approche de Bernard.*) Dis donc, Rémy, faisons-lui un bout de conduite civilement...

RÉMY.

Soit, et puis après un coup de traversin... (*On se salue. Mastaï et les officiers autrichiens s'éloignent, suivis de Bernard et de Rémy. On place des sentinelles au fond sur les praticables. Puis tous les soldats se couchent. Silence complet, qui est coupé seulement par le cri des sentinelles, et par une ronde d'officier accompagnée d'un tambour qui porte un fallot.*) Qui vive ! — Ronde major. — Avancez au mot de ralliement ! (*Lorsque la ronde est passée, Angéla paraît sur le seuil de la porte.*)

SCENE V.

ANGÉLA ; *puis* MASTAÏ.

ANGÉLA.

Je ne le vois pas encore... si les sentinelles allaient le retenir? Oh ! non... il leur est trop connu... Ah ! le voici...

MASTAÏ, *venant du fond à droite.*

Merci d'être venue, merci !

ANGÉLA.

Puisque vous allez vous éloigner, dit-on !... Dieu sait quand nous pourrons nous revoir !

MASTAÏ.

Il n'est que trop vrai... L'empereur Napoléon est arrivé, et cette nuit nous allons partir... Angéla, que j'emporte avec moi le souvenir et surtout l'espérance !...

ANGÉLA.

Revenez, Mastaï, et vous verrez que je vous ai gardé mon cœur...

MASTAÏ.

Je vous l'ai dit, le jour où, après avoir longtemps hésité, je

vous ai fait l'aveu de mon amour... Cet amour, c'est tout mon bien en ce monde... je vous aime, moi, avec cette sincérité, cette profondeur de sentiment qui exclut de notre âme toute autre passion, tout autre entraînement.

ANGÉLA.

Pourquoi faut-il que vous partiez?...

MASTAÏ.

Je reviendrai... je ne puis pas vous avoir trouvée pour vous perdre à jamais... non, cette pensée m'ôterait ma force et mon courage... Mais, mon Dieu! c'est une cruelle chose que l'absence lorsque, en vous éloignant, vous quittez celle que vous avez faite l'arbitre de votre destinée... Hélas! Angéla, puis-je savoir si votre père n'a pas sur vous des projets qui vous trouveront obéissante?... Tenez! cet homme que je vois toujours au château, ce Malafieri, eh bien! je n'en suis pas jaloux, car je vous respecte et je crois en vous; mais je ne puis me délivrer de cette pensée qu'il a peut-être osé aspirer à votre main...

ANGÉLA.

Vous ne vous êtes pas trompé...

MASTAÏ, *tristement.*

L'amour ne se trompe pas dans ses appréhensions, il ne s'abuse que dans ses espérances...

ANGÉLA.

Eh bien! est-ce que je ne résisterais pas s'il le fallait à toutes les menaces?...

MASTAÏ.

Cette parole me rassure, si pour vous, comme pour moi, elle renferme toute l'existence... je compterai sur vous... Songez-y, la promesse faite à celui qui s'éloigne, c'est une promesse plus sacrée que toutes les autres...

ANGÉLA.

Je ne l'oublierai pas, Mastaï.

LA SENTINELLE, *au fond, à droite, criant :*
Qui vive!... passez au large...

MASTAÏ, *au bruit, vivement.*
Votre main?

ANGÉLA, *lui donnant sa main.*
Tenez! Adieu!

MASTAÏ.

Adieu!... (*Il rentre; nuit à la rampe; venant un peu sur le devant.*) Pourquoi donc suis-je triste ainsi? Ce n'est pas seulement parce que je vais partir... Je lui ai donné ma vie, mon âme, mon avenir!... si elle allait m'oublier!.. (*La nuit est venue. — Il remonte vers le fond. — On entend un roulement de tam-*

bours; les Soldats se lèvent, prennent les armes et se placent en colonnes, l'une sur le côte gauche, l'autre au fond faisant face au public. — Sur le roulement, Bernard et Rémy reviennent et reprennent leur place parmi les colonnes. — Un Général vient inspecter la troupe, Mastaï l'accompagne ainsi que des Officiers, puis ils disparaissent. — Le commandant fait exécuter plusieurs temps, puis rompre les rangs. — Bernard est à gauche sur le devant; Rémy est au fond du même côté.)

SCENE VI.

BERNARD, RÉMY, LA SENTINELLE, *au fond*, LA MÈRE BERNARD, Officiers, Soldats. (*La mère Bernard paraît sur le praticable de droite.*)

LA SENTINELLE, *à la mère Bernard.*

Halte là !... on ne passe pas !...

LA MÈRE BERNARD.

Comment, par exemple !... je ne passerai pas, moi qui viens de six cents lieues pour voir mon fils... mon fils, le sergent Bernard !...

RÉMY, *qui a suivi la scène.*

La mère du sergent Bernard ! (*Il parle à un Officier ; l'Officier parle à la Sentinelle qui laisse passer la mère Bernard. Rémy continuant.*) Par ici, madame, par ici !... (*Il lui indique le chemin. Courant à Bernard.*) Sergent !... sergent !...

BERNARD.

Eh bien?

RÉMY.

Regardez, là-bas, cette femme !...

BERNARD.

Eh bien ?...

RÉMY.

Votre mère !...

BERNARD.

Ma mère !... (*Il fait quelques pas vivement, puis s'arrêtant tout à coup et s'appuyant sur l'épaule de Rémy.*) Eh ! un instant ! me voilà comme si j'avais reçu un boulet en pleine poitrine !... (*S'avançant jusqu'à la mère Bernard.*) Ma mère !...

LA MÈRE BERNARD.

Bernard !... mon fils !... (*Ils s'embrassent ; la mère Bernard pleure.*)

BERNARD.

Là, là !... (*Essuyant une larme.*) Après ça, moi aussi !... Venez vous asseoir, venez !...

LA MÈRE BERNARD.

Oui, tout à l'heure... Oh ! je n'ai pas fait la route à pied !...

BERNARD.

Il n'y a qu'une mère comme vous pour aller si loin voir son fils, une minute seulement peut-être...

LA MÈRE BERNARD.

Je n'y tenais plus... Vous faites des guerres qui semblent vouloir durer toujours, des guerres qui ne vous laissent pas un instant pour dire à ceux qui vous attendent : Me voilà, il ne m'est pas arrivé de malheur !... Ah ! il m'a fallu partir quand j'ai su que vous alliez si loin, si loin, en Russie... Je veux le revoir, me suis-je dit, je le veux, il le faut, ou j'en mourrai... Ne me gronde pas d'avoir fait ce long voyage... Je suis si heureuse !...

BERNARD, *avec des larmes dans les yeux et dans la voix.*

Vous gronder !... (*Se tournant vers Rémy et d'autres Soldats.*) Ah ! par exemple !... Tenez, camarades !... vous voyez, je ne fais pas le rodomont ni le tranche-montagne... je pleure, oui, comme un enfant en nourrice !... (*A la mère Bernard.*) Mais ce n'est pas tout ça, nom d'un diable !... c'est que nous allons partir bientôt, au premier moment !...

LA MÈRE BERNARD.

Eh bien ! ça sera triste, mais je t'aurai vu, au moins, et je t'attendrai. (*Mastaï est rentré avec les Officiers.*)

BERNARD.

Et je reviendrai, malgré les Russes, les Cosaques, les Turcs et l'univers... je vous rendrai votre visite !... (*Apercevant Mastaï.*) Ah ! lieutenant, vous arrivez au milieu d'une fête de famille.... Voilà ma mère qui a fait un crâne chemin pour venir me voir...

MASTAÏ.

Votre mère !...

BERNARD, *gaîment aux Soldats.*

Eh bien, vous autres !.. y en a-t-il une, dans toutes vos princesses d'amour, qui serait capable d'une pareille course pour s'informer si la moustache vous a poussé ?...

MASTAÏ, *qui s'est approché.*

Ces vêtements !... Elle vient donc d'Italie ?...

BERNARD.

Précisément... de Sinigaglia...

MASTAÏ.

De Sinigaglia, dites-vous ?... (*La mère Bernard se retourne ; il s'approche et la reconnaît.*) Thérèse !

LA MÈRE BERNARD, *le reconnaissant.*

Mastaï... (*Ils se jettent dans les bras l'un de l'autre.*)

BERNARD.

Ah ça, sommes-nous plongés dans un songe ? la mère Bernard connaît mon jeune officier !...

LA MÈRE BERNARD.

Si je le connais !... mais, c'est lui... lui que j'ai nourri là-bas... en Italie... le petit Mastaï... ton frère... (*Elle s'arrête.*)

MASTAÏ, *continuant et donnant la main à Bernard.*

Oui, votre frère... votre frère, sergent !

BERNARD.

En voilà des événements... Tiens-moi mon bonnet à poil, Rémy, j'en ai la tête qui se transforme en toupie d'Allemagne.

MASTAÏ.

Ma bonne Thérèse... Oh ! ne soyez point jaloux, mon ami; je vous préviens que j'aime ma nourrice comme une mère et j'ai perdu la mienne !

LA MÈRE BERNARD.

Si tu savais tout ce qu'ils ont fait pour nous... lui et sa famille! Ils me consolaient de ton absence. Enfin la veuve du pauvre soldat était pour eux une amie, une parente !...

BERNARD.

Vous me conveniez, vous, vous m'alliez, oui, je ne savais pas pourquoi ; mais enfin, ça y était... Eh bien, à l'avenir... (*très-ému et lui prenant là main.*) Je n'ai que ça à vous dire... à mort !... voilà !...

MASTAÏ.

Mon ami...

BERNARD.

Je serai... je serai votre soldat...

MASTAÏ.

Je vous l'ai dit : vous serez mon frère...

BERNARD.

Eh bien, Rémy...

RÉMY.

Sergent, j'ai le cœur grossi !...

BERNARD.

Et moi, je suis quasiment dans la folie... (*Mastaï apercevant le Général qui paraît suivi de deux officiers; on prend les armes.*)

MASTAÏ, *à la mère Bernard.*

Thérèse, je regrette de vous le rappeler, mais l'armée va se mettre en marche... Il faut que nous avisions à ce que vous ferez.

LA MÈRE BERNARD.

Je vous suivrai...

BERNARD.

Comment !... Ce n'est pas possible, mère !

MASTAÏ.

Il a raison... vous nous attendrez dans ce pays où nous viendrons vous rejoindre...

LA MÈRE BERNARD.

Si vous n'êtes pas tués...

BERNARD.

Mère, n'entrons pas dans les illusions... nous avons à revenir, à vous revoir... Il ne s'agit pas d'être tués... Ça ne se peut pas.. n'en parlons plus !...

MASTAÏ, *à la mère Bernard.*

J'ai devant moi quelques heures, et je veux les employer à vous procurer une retraite où vous serez bien, je vous le promets.

LA MÈRE BERNARD.

Vous le voulez !...

BERNARD.

Oui, il le veut, et comme je l'ai proclamé mon chef de file pour toujours, laissons-le faire, et motus...

LA MÈRE BERNARD, *à son fils.*

Tu vas partir...

BERNARD, *l'embrassant,*

Oui, mère; au revoir !... (*Il va à son rang.*)

LA MÈRE BERNARD, *pleurant.*

Oh ! mon Dieu !

MASTAÏ.

Eh bien ! ne suis-je pas près de vous !..

LA MÈRE BERNARD.

Que Dieu vous protége tous deux ! (*Roulement de tambours. Mastaï prend le bras de la mère Bernard; ils se rangent à droite. Le commandant fait exécuter plusieurs temps, puis les colonnes se mettent en marche ; défilé au clair de la lune par le fond à gauche. Mastaï et la mère Bernard suivent les autres personnages. Angéla a reparu. Du haut des praticables, la mère Bernard à genoux semble prier Dieu pour son fils qu'elle suit du regard tandis que Mastaï envoie à Angéla des signes d'amour.*)

DEUXIÈME TABLEAU.

RETOUR DE RUSSIE.

L'intérieur d'une chaumière en Allemagne. Portes au fond, à droite et à gauche.

SCÈNE I.

CHARLOTTE, *puis* LA MÈRE BERNARD.

CHARLOTTE, *apportant deux chaises et les rangeant de chaque côté.*

Voyons, rangeons vite tout cela, car bien certainement madame

Bernard va encore m'envoyer sur la route pour voir si son fils arrive, ou pour en demander des nouvelles aux militaires qui passent... C'est ça... Il y a plaisir à travailler quand les maîtres sont bons comme madame Bernard... aussi, j'en fais des prières pour que son fils revienne, ce qui la rendrait bien heureuse !... La voici.

LA MÈRE BERNARD, *entrant de droite.*

Toujours à l'ouvrage, Charlotte ; c'est bien, mon enfant, mais je ne veux pas que tu te fatigues trop... (*Elle s'assied à gauche.*)

CHARLOTTE.

Soyez tranquille, madame Bernard... d'ailleurs, c'est un plaisir pour moi de bien travailler pour vous... Depuis un an que vous m'avez prise à votre service, quand vous avez acheté cette jolie petite chaumière, au bout du parc de Western...

LA MÈRE BERNARD.

Acheté, moi !... c'est bien mon fils, mon bon Mastaï, que Dieu me le ramène comme je le prie de me ramener Bernard !... Tiens, Charlotte, tu devrais aller voir...

CHARLOTTE.

S'il y a du nouveau, n'est-ce pas ?

LA MÈRE BERNARD.

Ce sera inutile comme à l'ordinaire !...

CHARLOTTE.

Il passe tant de soldats depuis quelque temps...

LA MÈRE BERNARD.

Oui, et il n'y a qu'à les voir pour comprendre tout ce qu'ils ont souffert...

CHARLOTTE.

Tenez, madame Bernard, je ne sais pas, j'ai idée qu'aujourd'hui tout ira mieux... Il n'est pas possible que le bon Dieu laisse plus longtemps dans le chagrin une brave femme comme vous !... (*Elle sort par le fond.*)

LA MÈRE BERNARD.

Le chagrin !... je me raidis contre lui, mais il finira par être le plus fort... De toutes les guerres que j'ai vues, aucune ne m'a épouvantée comme celle-là... Ah! le maudit pays que cette Russie !... (*On frappe à la porte.*) Entrez !...

SCENE III.

LA MERE BERNARD, BURGER, PAYSANS, PAYSANNES.

BURGER *et les* PAYSANS.

Salut, madame Bernard...

LA MÈRE BERNARD, *se levant.*

Bonjour, mes enfants... bonjour...

BURGER.

Et bien ?...

LA MÈRE BERNARD.

Rien encore... je vous remercie de votre attention...

BURGER.

Ce n'est pas attention seulement, c'est par amitié que nous venons... Vous êtes une excellente voisine que nous aimons bien et nous voudrions vous voir sortir d'inquiétude... C'est pour ça que sitôt que nous ne sommes pas à l'ouvrage, nous arrivons ici..

LA MÈRE BERNARD.

Et vous me faites plaisir...

BURGER.

Ainsi donc, vous n'avez pas reçu de lettre depuis celle qu'on vous a écrite quelque temps avant que cette malheureuse retraite ne commence ?...

LA MÈRE BERNARD.

Non, pas de lettre....

BURGER.

Après ça, il n'y a rien d'étonnant ; on dit...

LA MÈRE BERNARD.

Oh ! vous pouvez parler, mon bon Bürger... On dit qu'il n'y a jamais eu de campagne aussi terrible que celle-là... Et on ne se trompe pas...

CHARLOTTE, *du dehors.*

Madame Bernard !... madame Bernard !...

LA MÈRE BERNARD.

C'est Charlotte qui appelle...

CHARLOTTE, *de plus près.*

Madame Bernard !... (*Elle entre essoufflée.*)

SCÈNE III.

Les Mêmes CHARLOTTE, *puis* BERNARD.

LA MÈRE BERNARD.

Qu'y a-t-il ?...

CHARLOTTE.

Il y a... il y a que j'ai vu votre fils et que le voilà qui vient !...

LA MÈRE BERNARD.

Mon fils !...

CHARLOTTE.

Il y avait sur la route trois militaires... Un d'eux a demandé où vous demeuriez : on le lui a dit... Là-dessus, il m'a pris comme un tremblement, mes jambes se sont mises à courir d'elles-mêmes, et je...

LA MÈRE BERNARD, *l'interrompant*

Ah ! mon Dieu, ce n'est peut-être pas lui... Elle m'aura donné une fausse joie !...

BERNARD, *ouvrant la porte et s'arrêtant sur le seuil.*

La mère Bernard, s'il vous plaît ?...

LA MÈRE BERNARD.

Mon fils !... (*Ils se jettent dans les bras l'un de l'autre.*) Enfin !...

BERNARD.

Oui, enfin, et pas sans peine !...

LA MÈRE BERNARD.

C'est Dieu qui te ramène !...

BERNARD.

Dieu ? possible... seulement, je suis forcé de le dire, il ne m'a pas fait faire un voyage d'agrément...

LA MÈRE BERNARD.

Tu reviens seul ?...

BERNARD, *avec intention.*

Oh ! il est sauvé...

LA MÈRE BERNARD.

Ah !

BERNARD.

Oui, et il n'y a pas de sa faute... Tant qu'on a tiré des coups de fusil, il les cherchait que c'était une bénédiction de le voir... Je vous garantis qu'il n'a pas peur, celui-là !... Et puis, quand la déroute, la débâcle, le diable et son train ont commencé, il n'y en a pas eu un comme lui pour secourir les camarades !

LA MÈRE BERNARD.

Mais où est-il ?

BERNARD.

Vous ne tarderez pas à le revoir... il est resté près d'ici avec un pauvre diable qui a fini sa dernière étape !... Il n'a pas voulu l'abandonner, et me voici en avant-garde !

LA MÈRE BERNARD.

Mon ami... tous ces braves gens sont des voisins, qui prenaient bien part à mes peines, et qui s'inquiétaient de toi...

BERNARD.

Je vous en remercie tous, et je vous fais excuse de me présenter dans cette tenue qui n'est pas trop d'un muscadin... (*Il ôte son sac, son bonnet à poil. Charlotte s'avance pour les prendre. Tenant son bonnet.*) Mon enfant, je ne vous recommande pas d'en avoir soin, il a fait son temps, et si les oiseaux vous gênent dans le jardin, je vous autorise à le mettre au bout d'une perche pour les effaroucher...

LA MÈRE BERNARD.

Charlotte, va chercher du vin : je veux que nos amis trinquent au retour de mon fils... (*Charlotte sort à gauche.*)

BERNARD.

C'est une idée... Je vous demande pardon si je ne suis pas d'une gaieté folle, malgré tout le plaisir de revoir ma bonne mère; mais nous avons reçu une de ces trempées peu ordinaires et qui vous chiffonnent l'imagination pendant quelque temps...

BURGER.

Sans compter ce que vous avez eu de mal de toute sorte dans cette retraite... (*Charlotte revient apportant une bouteille et des verres qu'elle donne aux paysans, puis elle verse.*)

BERNARD.

Et je vous invite à le croire plutôt que d'y aller voir... A partir du moment où nous sommes sortis de Moscou, et où le Kremlin a sauté de telle façon que la terre en a tremblé dix lieues à la ronde, ç'a été une kyrielle de malédictions que le diable en rira dans sa queue jusqu'à la fin de l'éternité... Nous ressemblions à une troupe d'échappés de Charenton, le quartier-général des fous, à Paris, si vous ne le savez pas... Ah! nous étions propres et dans un drôle d'accoutrement, une vraie mascarade de carnaval, quoi! C'est là que j'en ai vu des uniformes qu'aucun farceur n'en aurait imaginés de pareils!... C'est là qu'un verre de vin et un morceau de pain auraient fait danser un rigodon flambant à celui qui aurait mis la main dessus!... C'est là que le froid vous serrait les côtes, vous faisait tourner la tête comme une toupie, et jetait par terre le plus malin sans lui laisser le temps de dire : J'y suis, à perpétuité! Enfin, c'était un ramassis tellement bien conditionné de choses gênantes et fastidieuses, de neige à trois pieds de hauteur, de fringale indéfiniment allongée, d'embêtements de toute nature, que si ça avait duré encore quelques jours, le plus décidé aurait dit: C'est trop bête, je donne ma démission! Nous étions plus de quatre cent mille au départ, tous résolus, fiers, heureux, en pensant à de nouvelles victoires, il n'en est pas revenu quarante mille à travers ce pays de malheur que le diable confonde! (*Elevant son verre.*) Au retour de mes braves compagnons...

MASTAÏ, *qui est entré pendant les derniers mots et se découvrant.*

Et à la mémoire de ceux qui ne reverront plus leur pays ni leur mère !...

LA MÈRE BERNARD.

Mastaï !

SCÈNE IV.

LES MÊMES, MASTAÏ.

MASTAÏ, *embrassant la mère Bernard.*

Nourrice, voilà vos deux fils revenus... C'est avoir du bonheur à la suite d'une campagne si désastreuse...

LA MÈRE BERNARD.

C'est qu'il me les fallait tous les deux, vois-tu ! Tu sais bien que Bernard tout seul ne m'aurait pas suffi... Tu es tout pâle, mon pauvre garçon... (*On fait asseoir Mastaï à gauche.*)

BERNARD.

Dame ! il aurait de la chance s'il revenait avec la figure d'un chérubin !

BURGER.

Madame Bernard, nous allons vous quitter... l'ouvrage nous attend... nous sommes bien aises du bonheur qui vous arrive...

LA MÈRE BERNARD.

Je vous remercie bien, mes amis... Au revoir... au revoir.

BERNARD.

Mes enfants, souvenez-vous que vous ayez en moi un camarade qui sera toujours à votre service, et si jamais vous avez besoin du sergent Bernard, vous n'aurez qu'à me faire un signe, voilà ! (*Burger et les paysans sortent.*)

SCÈNE V.

MASTAÏ, BERNARD, LA MÈRE BERNARD.

MASTAÏ, *à Bernard.*

Il me semblait que je n'arriverais pas... j'étais d'une impatience !... Il me tardait tant de vous revoir, nourrice. Et puis ..

BERNARD.

Et puis?

MASTAÏ.

Eh bien, avez-vous oublié tous deux qu'ici même , au bout de ce parc dont les arbres touchent à cette chaumière, dans le château de Western, enfin, demeure celle à qui j'ai donné toute mon affection, toute ma vie ?

BERNARD.

Ah ! oui.. Tu m'en as assez parlé, Dieu merci !... Elle peut se flatter de te tenir au cœur, celle-là !

MASTAÏ.

Dis plutôt que si je n'avais pas pensé à elle à chaque instant, tout mon courage m'aurait abandonné... Au milieu de mes souffrances, le long de ces funèbres solitudes où notre route était marquée par des milliers de cadavres de nos compagnons ; à travers ce pèlerinage, calvaire sans limites de notre malheureuse armée, où le vertige et le désespoir frappaient les plus forts à la tête et au cœur, tu m'as vu rester calme, inébranlable, n'est-ce pas ? Eh bien ! ce n'est pas moi qu'il faut louer... c'est elle qui m'inspirait, et son image semblait marcher devant moi pour me guider et me soutenir...

BERNARD.

Excusez ! J'ai connu dans mon temps pas mal de princesses, comme on dit ; mais le diable m'emporte si, en Russie, ça m'a servi de quelque chose... non.

LA MÈRE BERNARD, *à part*.

Pauvre Mastaï !...

MASTAÏ, *se levant*.

Enfin, me voilà près d'elle... (*A la mère Bernard.*) Vous ne m'en parlez pas, vous m'écriviez que vous la voyiez souvent.

LA MÈRE BERNARD.

Elle vient ici, tous les jours, me voir, s'informer de mon fils, de toi...

MASTAÏ.

Ah ! si Dieu le permet, si mes vœux se réalisent... nous ne nous quitterons plus... je vous fais heureux en vous rendant témoins de mon bonheur... Depuis un an, ce rêve est là, dans mon cœur... j'en ai fait le but de mon existence, et dût-on m'offrir une couronne, je ne voudrais pas y renoncer... (*A la mère Bernard.*) Qu'avez-vous donc ? vous ne me dites rien... vous m'écoutez sans prendre part à ma joie, à mes espérances ! Qu'a-t-elle donc, Bernard ?

BERNARD.

Je n'en sais rien.. Qu'y a-t-il, mère ?

LA MÈRE BERNARD.

Je n'ose pas le lui dire...

MASTAÏ.

Vous n'osez pas me le dire ! mais vous me livrez à une incertitude mortelle !... Parlez, quoi que vous ayez à m'apprendre, parlez, si vous m'aimez !... (*Moment de silence de la mère Bernard.*)

BERNARD.

Mère, après ce qu'il vient de vous dire, c'est un devoir pour vous de parler...

LA MÈRE BERNARD.

Eh bien...

MASTAÏ.

Angéla !

LA MÈRE BERNARD.

Il faut l'oublier, mon enfant.

MASTAÏ.

L'oublier ?

LA MÈRE BERNARD.

Oui, car elle est mariée !

MASTAÏ.

Mariée ! (*Il chancelle et s'appuie sur le bras de Bernard.*)

BERNARD.

Eh bien, toi qui as tant de courage ?

MASTAÏ.

Je n'en ai plus... (*Il s'assied.*)

BERNARD.

Dites donc, la mère, elle a joué là un vilain tour, votre grande dame !...

LA MÈRE BERNARD.

Mastaï !...

BERNARD,

N'essayez pas de le consoler... je le connais mieux que vous ; il est frappé, je vous en réponds... Et pourquoi, et avec qui s'est-elle mariée, sacré nom d'un nom !...

LA MÈRE BERNARD.

Elle a épousé le comte Malafieri...

MASTAÏ.

Ah ! oui, je m'en souviens...

LA MÈRE BENARD.

Son père l'a voulu absolument ; elle a résisté, mais elle est faible, et, plus tard, elle a cédé !...

BERNARD, *à Mastaï.*

Qu'est-ce que nous allons faire de son mari ?... (*Avec colère.*) Oh ! moi, d'abord... je le tuerais !

MASTAÏ.

Et de quel droit ?... Elle me l'a préféré... qu'ai-je à lui dire, à lui ?... Mon Dieu, cette épreuve est au-dessus de mes forces !... (*On frappe à la porte.*)

BERNARD.

Que voulez-vous ?... Ah ! je n'y suis plus, moi... Entrez !...

SCENE VI.

LES MÊMES, UN DOMESTIQUE *en livrée.*

LE DOMESTIQUE.

Madame la comtesse fait demander si madame Bernard est ici ...

MASTAÏ, *à part.*

Elle !

LA MÈRE BERNARD, *à Mastaï.*

Tu ne dois pas la voir, n'est-ce pas ? il ne faut pas que tu la voies !...

MASTAÏ.

Et pourquoi ? Je veux savoir ce qu'elle pourra me répondre lorsque je lui demanderai compte de ses promesses... Qu'elle vienne ! quelle vienne !

LA MÈRE BERNARD.

Tu le veux ?

MASTAÏ, *se levant.*

Oui, je le veux !

LE DOMESTIQUE.

Que faut-il que je dise à madame la comtesse ?

LA MÈRE BERNARD.

Que je suis à ses ordres, comme toujours... (*Le domestique sort.*)

MASTAÏ.

Mes amis, laissez-moi l'attendre seul, je vous en prie...

BERNARD, *à sa mère qui le consulte du regard.*

Eh bien, pourquoi pas ? (*Il serre la main à Mastaï, en sortant. A sa mère.*) Oh ! tenez, il m'a poussé une fameuse dent contre votre comtesse de je ne sais quoi ! (*Il sort avec la mère Bernard.*)

SCENE VII.

MASTAI, ANGÉLA.

(*Après la sortie de Bernard et de sa mère, le domestique ouvre la porte devant Angéla et se retire. Mastaï est assis à gauche, li-vré à ses réflexions, et il n'a pas vu entrer Angéla.*)

ANGÉLA, *à part.*

Où donc est madame Bernard ? (*Apercevant Mastaï.*) Un étranger !... (*Elle s'avance de quelques pas.*) Je croyais la trouver ici... Pardon, monsieur... (*Le reconnaissant.*) Mastaï !

MASTAÏ, *se levant.*

Vous me reconnaissez, madame ? Je n'aurais pas espéré qu'il vous restât pour cela assez de souvenirs !...

ANGÉLA, *à elle-même.*

Mastaï!... (*Elle chancelle et s'appuie sur le dos du fauteuil.*)

MASTAÏ, *à part.*

Comme elle est pâle! elle semble porter le fardeau de quelque grande douleur.... Le ressentiment fait place dans mòn âme à une sorte de pitié, et, au lieu des reproches que je voulais lui faire entendre, je me sens tout ému, tout attendri...

ANGÉLA.

Sauvé, échappé à ce grand désastre!... Je suis... je suis heureuse de vous revoir, monsieur... j'éprouve quelque confusion à me retrouver devant vous... à cause d'un passé... mais je rends grâce au ciel de vous ramener à ceux qui vous attendent...

MASTAÏ.

Ceux qui m'attendent?... Hélas! madame, je n'aurais pas dû avoir cette vanité de croire que quelqu'un m'attendait, moi qui pourtant m'étais éloigné avec une espérance aujourd'hui amèrement déçue!..... Je n'ai point de reproches à vous adresser, madame... vous m'avez condamné à d'éternels regrets, vous avez jeté le désenchantement, l'aridité, le néant, là où mon amour se plaisait à croire au bonheur, à la vie! Que voulez-vous... vous n'avez sans doute pas compris que je me donnais à vous tout entier, que je vous faisais gardienne de mon âme, de toute ma joie ici bas, de tous mes rêves, enfin!... Je suis parti, vous avez oublié vos promesses... de loin, je me tournais vers vous, votre pensée ne me quittait pas... Je reviens, et tout est perdu, et la terre promise n'est plus qu'un désert!... Encore une fois, que voulez-vous? je ne suis qu'un homme livré à d'éternelles douleurs ici bas... Est-ce donc là quelque chose qu'on se donne la peine de prendre en pitié?... On passe, et on n'y songe plus!

ANGÉLA.

Mastaï, j'aurais préféré votre indignation, votre colère!... (*Se levant.*) Est-ce que vous croyez que j'avais cessé de vous aimer? Ils m'ont obsédée de prières, chaque jour, à chaque instant, sans repos!... Mon père voulait donner ma main à Malafieri avec cette ardeur, cette résolution qui ne laissent pas de trève... Je le voyais s'obstiner dans sa volonté... je luttais, mais j'ai cédé enfin, parce que j'étais faible, seule, abandonnée à l'influence qu'on exerçait sur moi.... et parce que l'énergie, qui ne me manquerait plus, m'a manqué une fois... J'ai fait votre malheur, le mien, le mien, entendez-vous?... je ne l'aime pas cet homme! c'est mon mauvais génie, savez-vous?... vous verrez, il m'entraînera dans sa destinée, et cette destinée sera sombre, j'en ai le pressentiment... Je ne l'aime pas, vous dis-je, il me fait peur!... Mastaï, regardez-moi... (*Mastaï se retourne tout doucement et la regarde avec douleur.*) Vous voyez bien que je souffre, n'est-ce pas ?... je souffre, et sans espoir, et tôt ou tard, sans savoir où j'irai, je fuirai cette existence qu'on m'a faite !

MASTAÏ, *l'interrompant.*

Non, non !... vous et moi nous n'avons plus qu'un refuge, la résignation !... Si quelqu'un s'éloigne, que ce soit moi, et pour toujours, et pour ne plus nous revoir !... Ce que je deviendrai, Dieu le sait !... mais je ne puis rester près de vous, je n'en ai pas la force... je ne le veux pas, je ne le dois pas !

ANGÉLA.

Adieu donc, Mastaï, et pardonnez-moi le mal que je vous ai fait en songeant à ce que je souffre... adieu ! (*Elle fait quelques pas lentement et se retournant.*) Vous m'oublierez... mais, moi qui vous ai fait malheureux, je me souviendrai...

MASTAÏ, *avec douleur.*

Vous oublier, madame !... Promettez-moi de vous résigner, si vous voulez que je sois plus calme...

ANGÉLA.

Eh bien, je m'efforcerai... Dieu me viendra en aide, je l'espère !... (*Mastaï va à gauche pour prendre son chapeau.*) Vous quittez ce pays !

MASTAÏ.

Il le faut !

ANGÉLA.

Et... où irez-vous ?

MASTAÏ.

Je l'ignore... (*Moment de silence.*)

ANGÉLA, *qui a hésité remonte vers le fond, et se retournant.* Adieu !...

MASTAÏ.

Adieu ! (*Elle sort.*)

SCÈNE VIII.

MASTAÏ, BERNARD, LA MÈRE BERNARD.

(*Après qu'Angéla est sortie, Mastaï reste plongé dans la douleur, puis il fait un mouvement de résolution, et s'élance vers le fond pour sortir. Bernard et sa mère qui sont entrés, l'arrêtent au passage.*)

BERNARD.

Eh bien ! qu'est-ce qu'il y a donc? tu nous quittes ?... (*Il met son bonnet de police sur la chaise.*)

LA MÈRE BERNARD.

Tu pars ?...

MASTAÏ, *avec force.*

Oui, oui, je pars... car si je ne partais pas, je la reverrais, cette femme... je ne serais plus maître de moi... et à toutes mes douleurs viendrait se joindre le remords !

BERNARD.

Alors, en route !... je croyais pourtant faire ici une petite halte... il paraît que nous emboîterons le pas jusqu'à la fin des fins !... soit... (*Il remonte.*)

MASTAÏ, *l'arrêtant.*

Je pars seul, Bernard ; tu ne dois pas me suivre, tu ne dois pas quitter ta mère !

BERNARD.

Ma mère !

LA MÈRE BERNARD.

Et toi, tu vas t'éloigner, tu ne seras plus là ?...

BERNARD.

Mastaï...

MASTAÏ.

Oh ! ne me dites rien pour me retenir, je ne puis pas rester... mais je ne vous oublierai pas.... de loin comme de près, à vous toute mon affection... Italie ! Italie ! terre natale, puisses-tu rendre un peu de calme à celui qui n'aurait jamais dû te quitter !...

BERNARD, *il passe à gauche et prend son bonnet de police.*

Mastaï ! nous te suivrons !...

MASTAÏ, *qui est remonté vers le fond, se retournant.*

Oui, jusqu'au bord du chemin où va commencer mon pèlerinage solitaire... Venez !... (*Moment de douleur de la part de Bernard et de sa mère.*)

TROISIÈME TABLEAU.

LA PLACE DE L'ÉVÊCHÉ, A IMOLA.

Les faisceaux de troupes italiennes sont rangés sur la scène. — Des soldats sont assis, d'autres sont attablés à gauche et jouent aux cartes ; des officiers causent et se promènent. — L'évêché est à droite ; un suisse est sur le seuil de la porte. — Des vieillards, des femmes, des enfants s'approchent du suisse, qui inscrit leurs noms sur un carnet.

SCÈNE I.

UN SUISSE, UN COMMANDANT, OFFICIERS ET SOLDATS ITALIENS, PEUPLE.

LE SUISSE, *au peuple.*

Soyez tranquilles, mes amis... Monseigneur saura votre nom

et ce que vous lui demandez... Vous ne tarderez pas à en avoir des nouvelles...

UN VIEILLARD.

Oh! jamais le bon évêque n'a manqué à écouter la prière qu'on lui adressait... S'il y a des pauvres à Imola, c'est qu'il ne peut pas retirer tout le monde de la misère; mais il fait bien ce qu'il peut pour soulager les malheureux...

LE SUISSE.

Je vais parler à Monseigneur, et je suis bien certain qu'aujourd'hui même, il trouvera le temps de passer chez plusieurs d'entre vous... Allez, mes amis, allez !... (*Il rentre dans l'évêché.*)

TOUS.

Merci, monsieur le suisse, merci !

LE VIEILLARD, *sur le devant.*

Si tous les princes de l'église, cardinaux, archevêques ou évêques, entendaient la charité comme l'évêque d'Imola, personne en Italie ne manquerait de pain... Que Dieu nous le conserve longtemps ! (*Ils sortent pour la plupart, d'autres vont se coucher au soleil.*)

PREMIER OFFICIER, *à un autre en se promenant devant les faisceaux.*

J'en suis pour ce que j'ai dit, mon cher Capella ; l'évêque de cette ville est un vrai modèle de bonté évangélique, d'instruction et de pensées libérales... Je l'écoutais, hier soir, pendant qu'il parlait sur la situation actuelle de l'Europe, et j'aurais bien voulu qu'il eût pour auditeurs quelques-uns de nos hommes d'État...

UN AUTRE OFFICIER.

A quoi cela eût-il servi ?...

PREMIER OFFICIER.

Vous avez raison... Il faudrait, pour appliquer ses théories, que Monseigneur fût Roi ou Pape... Mais, il est trop jeune et surtout trop avancé dans ses idées pour que le conclave nous fasse un tel cadeau !...

DEUXIÈME OFFICIER.

S'il pouvait au moins dissimuler comme Sixte-Quint ?...

PREMIER OFFICIER.

Dissimuler, lui !... c'est un talent qu'il n'aura jamais et dont il ne voudrait pas !... (*Le Commandant leve son épée; roulement de tambours; les soldats rompent leurs faisceaux et reprennent leurs rangs. On fait exécuter divers temps d'exercice. L'officier qui se trouve sur le devant, à sa colonne. Garde à vous !... Pelotons !... portez armes... Présentez armes !... Au temps... c'est mauvais... Le commandant qui se trouvait près de l'évêché vient avertir l'officier que l'évêque sort et qu'il faut suspendre l'exercice. L'officier:*)

Reposez vos armes !... *Mastaï sort de l'évêché; il est vêtu d'une simple soutane et porte pour insigne de l'épiscopat la croix pectorale. Il est accompagné de deux ecclésiastiques dont l'un porte un panier, l'autre une sorte de sacoche.)*

SCÈNE II.

Les Mêmes, MASTAÏ, deux ECCLÉSIASTIQUES.

MASTAÏ, *devant lequel se pressent les gens du peuple.*

Que Dieu vous garde, mes enfants... Un jour viendra, je l'espère, où le travail ne manquera à personne, où vous n'aurez pas à passer ainsi de longues heures dans l'oisiveté... Je ne vous blâme pas, je vous plains !... (*S'avançant de quelques pas et s'adressant aux deux ecclésiastiques.*) Cette terre est féconde, ce ciel est toujours pur, ce soleil mûrit avec ardeur toutes les productions, et les rues de nos villages, de nos villes sont encombrées de pauvres !... Vous voyez bien qu'il faut y pourvoir, qu'il faut changer, qu'il faut réformer, enfin !... (*Aux derniers mots un enfant s'est détaché d'un groupe à gauche et s'est approché tout près de Mastaï, qu'il regarde avec une curiosité mêlée de respect et de familiarité. Sa mère s'avance et lui fait signe de revenir. Un ecclésiastique va pour écarter doucement l'enfant, mais Mastaï l'a déjà pris par la main. Continuant, à l'ecclésiastique.*) Mon ami, n'oublions jamais ces touchantes paroles de notre divin maître : Laissez venir à moi les petits enfants... (*Tirant une pièce de monnaie de sa bourse et la donnant à l'enfant.*) Tiens, porte ceci à ta mère... (*Il se retourne et deux autres enfants sont près de lui qui tendent la main; même jeu comme au premier enfant; la mère de ces deux enfants s'agenouille les mains jointes, l'autre mère est debout les mains jointes aussi comme pour le remercier. Mastaï, au milieu, étend les bras sur les enfants et lève les yeux. Moment de silence. — Tableau. — Puis les mères reprennent les enfants, et tous remontent vers le fond. Pendant ce jeu de scène, le Commandant a fait mettre l'arme au pied, l'exercice est suspendu, tout le monde regarde Mastaï. — Au moment où il se remet à marcher, le Commandant se place en face du bataillon, l'épée à la main.*)

LE COMMANDANT.

Attention !... Portez armes !... Présentez armes !... (*Les tambours battent aux champs.*)

MASTAÏ, *allant au Commandant.*

Commandant, je vous remercie de l'honneur que vous me faites... (*Il fait signe d'arrêter, le Commandant fait mettre l'arme au bras. Mastaï continuant.*) Mais cet honneur on ne le rend qu'aux chefs militaires, ou à Dieu, lorsqu'il descend sur l'autel au milieu du saint sacrifice...   2.

LE COMMANDANT.

Monseigneur, pour la ville d'Imola vous représentez Dieu dans sa mansuétude et dans sa bonté !...

MASTAÏ, *souriant.*

Ah ! commandant, si vous étiez dévot, mais, là, bien dévot, vous trouveriez vous-même le compliment exagéré... et pas assez orthodoxe. Que je ne vous empêche pas de continuer l'exercice... si j'avais le temps, je viendrais le voir faire quelquefois... cela m'intéresse !...

LE COMMANDANT.

Puisque vous le voulez, monseigneur... (*Il commande quelques temps d'exercice.*) Attention !.. Porter armes !.. Présentez armes ! Portez armes !... (*Continuant.*) Monseignenr, je ne vous demanderai pas de conseil sur la manière dont manœuvrent nos soldats... Ce n'est pas là un sujet qui vous ait jamais occupé.

MASTAÏ.

Peut-être... par curiosité !... Autrefois dans mes voyages, je me plaisais, comme je me plais encore, à voir faire l'exercice... Savez-vous quels sont ceux qui s'y entendent supérieurement? les Français !...

LE COMMANDANT.

Oui, monseigneur, c'est un peuple où chacun vient au monde avec l'instinct militaire...

MASTAÏ.

Précisément... Et bien, j'ai vu souvent manœuvrer la garde impériale... Ah ! ah ! je vous cite là un beau modèle, je l'espère !.. Oh ! j'ai passé bien du temps à me donner ce plaisir... Et tenez, il m'est peut-être resté assez de souvenirs pour pouvoir donner quelques indications, qu'il vous appartient d'apprécier, du reste ! Soyez assez bon pour commander le dernier mouvement que vous venez de faire exécuter... Bien entendu que vous m'excuserez si les années et le manque d'habitude m'ont retiré ce que je pouvais savoir... si je suis rouillé enfin !... voyons !... (*Les officiers, les gens du peuple s'approchent, attirés par la curiosité.*)

LE COMMANDANT.

Portez armes !... Présentez armes !...

MASTAÏ, *se promenant devant les rangs.*

Pas mal! pas mal !...

LE COMMANDANT.

Portez armes !... croisez... ette !.. (*Les reprenant.*) Au temps, au temps... c'est mauvais !....

MASTAÏ.

Mais, non... mais non... ce n'est pas mal ; mais, pour vous

parler franchement, je remarque qu'en général on ne saisit pas l'arme avec assez de vigueur et de précision...

LE COMMANDANT.

C'est vrai!... monseigneur!....

MASTAÏ.

Tenez! je crois que mes souvenirs me reviennent!.. (*A un soldat.*) Voulez-vous me prêter un instant votre fusil?.. (*Au Commandant.*) Un peu d'indulgence, je vous prie... une soutane n'est pas taillée pour l'exercice. Le dernier mouvement que vous venez d'exécuter et qui rendait la garde impériale si redoutable, celui de croiser la bayonnette... (*Exécutant tout en parlant.*) Saisissez vivement la poignée de l'arme avec la main droite... une... abattez dans la main gauche... deux... (*Se remettant au port d'arme. Au soldat.*) Tenez, mon ami, rien n'est plus facile... (*Même jeu.*) Une... deux....

LE COMMANDANT.

Ah! monseigneur, le plus habile de nos soldats n'est pas de votre force!.,.

MASTAÏ.

Ah! par exemple!... Si je cultivais un peu, je n'irais peut-être pas mal, voilà tout!... (*Il rend le fusil.*) Merci, mon ami... (*A part.*) Allons! j'ai eu là un retour de vanité dont je demande pardon à Dieu..... (*Aux Ecclésiastiques.*) Venez-vous, messieurs? (*Consultant une liste, et désignant une maison de la place.*) Dans cette maison, d'abord...

LE COMMANDANT.

Portez armes!...

MASTAÏ, *l'interrompant.*

Ah! commandant, je vous ai tous retenus et j'ai prolongé la fatigue de ces braves soldats... Si cela se peut, et si vous voulez m'être agréable, vous en resterez là de l'exercice pour aujourd'hui....

LE COMMANDANT.

Volontiers, monseigneur...

MASTAÏ.

Merci!.. (*Il entre, avec les deux Ecclésiastiques, dans la maison qu'il a désignée. Le Commandant fait former les rangs, battre, et la troupe se retire. Au moment où elle se met en marche, Bernard paraît à un coin de la place et regarde le défilé. Il porte une capote et un bonnet de police de la garde impériale.*)

SCENE III.

BERNARD, *au fond, le peuple assis ou couché, puis* UN CABARETIER.

BERNARD.

Ça va encore pour des soldats du Pape... Il est vrai de dire qu'à force de nous avoir vus dans le temps, on aura pu s'instruire. Oui, et c'était bien la peine de se donner tant de mal pour que ça finisse de cette façon... (*Il s'assied à une table devant le cabaret à gauche et frappe.*) Eh bien, on a le souvenir, et quand on se promène à travers l'Europe, il n'y a pas d'endroit où on ne puisse dire : Ici, comme partout ailleurs, nous avons jadis planté notre drapeau !

LE CABARETIER.

Que désirez-vous ?...

BERNARD.

Une bouteille et une croûte de pain...

LE CABARETIER.

Bien...

BERNARD.

Dites-moi, y a-t-il loin d'ici à Sinigaglia ?

LE CABARETIER.

En voiture ?

BERNARD.

Je n'y vais jamais, en voiture...

LE CABARETIER.

A pied, vous en avez pour deux jours de marche, en marchant bien...

BERNARD.

Je marche suffisamment, merci. (*Le Cabaretier sert et rentre.*) Il y a une heure que je suis arrivé; dans une heure je reprends mon sac et mes quilles. Ce n'est qu'à Sinigaglia que j'aurai des nouvelles de Mastaï, si le diable ne s'en mêle pas à perpétuité. Je l'ai cherché comme une aiguille dans une botte de foin... Dans quel diable de régiment se sera-t-il donc insinué !... (*Mastaï sort de la maison où il était entré avec les ecclésiastiques.*) Encore des curés! on ne voit que ça dans ce pays! Certes, si tous les paroissiens ne vont pas en paradis, ce n'est pas faute de robes noires pour les y envoyer... (*Il se retourne et ne voit plus Mastaï.*)

SCENE IV.

BERNARD, MASTAI, LES DEUX ECCLÉSIASTIQUES.
MASTAÏ, *apercevant Bernard.*

Un uniforme de la garde impériale, en ce moment, en Italie! (*Aux Ecclésiastiques.*) Messieurs, si vous voulez bien visiter sans moi cette maison, je vous rejoindrai tout à l'heure... (*Les deux Ecclésiastiques entrent dans la maison indiquée par Mastaï.*)

SCENE V.

BERNARD, MASTAÏ.

MASTAÏ, *à part et s'avançant vers Bernard.*

Je me reprocherais de passer sans rien dire à ce brave soldat.
Il y a toujours place dans mon cœur pour le souvenir de son
drapeau ! (*Frappant doucement sur l'épaule de Bernard dont il
s'est approché sans être vu.*) Mon ami !

BERNARD, *ne se retournant qu'à demi et sans voir la figure de
Mastaï, à part.*

Il n'est pas gêné, celui-là !

MASTAÏ, *qui l'a reconnu.*

Bernard !

BERNARD, *se levant vivement et reconnaissant Mastaï.*

Lui, toi... Mastaï !.. (*Ils se jettent dans les bras l'un de l'autre.*)
Ah ! sacré nom d'un nom !

MASTAÏ.

Toi ici !...

BERNARD.

J'aurais été encore plus loin pour te retrouver, ingrat, qui
envoies ton argent, et qui n'envoies pas une parole, un simple
bonjour, je me porte bien !...

MASTAÏ.

Et ta mère ?

BERNARD.

Toujours d'aplomb... Je vois que je me trompais quand je te
cherchais dans les casernes et que je te demandais dans les ré-
giments. Je n'aurais pas eu le fil de deviner que tu portais maintenant cet uniforme...

MASTAÏ.

Il y a longtemps, ami, que je le porte, et il m'a défendu contre
bien des périls, mieux que la cuirasse ne défend le soldat contre
le fer de l'ennemi !... Mais parle-moi de toi, de ta mère !...

BERNARD.

Moi, je m'ennuyais de longueur... La mère, elle va comme
un charme, et veut à toute force te revoir.

MASTAÏ.

Eh bien, elle me reverra.

BERNARD.

Mais, je l'espère bien... Asseyons-nous, je vais demander un
verre, et tu me diras pourquoi tu nous a plantés la comme si tu
étais parti pour le royaume de la lune !... (*Il le prend par le bras
pour le faire asseoir.*)

MASTAÏ.

Non, Bernard, je ne puis pas raisonnablement m'asseoir à une table de cabaret ; ça ne serait pas d'un bon exemple !...

BERNARD.

Tu as peur que ça n'encourage les bambocheurs?... possible. (*Le regardant.*) Curé ! c'est égal, ça me fait un effet comme si j'avais vu l'empereur se faire pape après sa démission ; enfin... Mais qu'as-tu fait? où es-tu allé? qu'es-tu devenu ?

MASTAÏ.

J'ai souffert longtemps, longtemps j'ai porté en moi une blessure que rien ne pouvait adoucir... je me suis caché dans la solitude, elle donnait plus de force à mes regrets, à mon chagrin, vautour insatiable qui me rongeait sans repos, sans pitié !.. Enfin Dieu m'inspira ; je me tournai vers lui, et je lui demandai un peu de calme avec cette ardeur fiévreuse du voyageur qui cherche une source à travers les sables brûlants du désert. Il m'exauça ; pour le mieux servir, pour mieux m'abandonner à lui, je me fis prêtre, et le soldat de Napoléon devint un soldat sous la bannière du ciel...

BERNARD.

Si tu as été moins malheureux, je ne lui en veux pas !

MASTAÏ.

Et maintenant, mon brave Bernard, puisque Dieu nous a réunis, nous ne serons plus séparés désormais.

BERNARD.

Je m'en flatte, et s'il le faut, je serai ton bedeau !...

MASTAÏ.

Mon bedeau?

BERNARD.

Puisque tu es curé.

MASTAÏ.

Nous serons frères, Bernard, frères comme par le passé.

BERNARD.

Sacré nom !

MASTAÏ.

Eh bien !

BERNARD.

Non... Dieu de Dieu, en voilà une chance de t'avoir trouvé

MASTAÏ.

Tu vas venir avec moi.

BERNARD.

Où vas-tu ?

MASTAÏ.

Porter des secours à des malheureux.

BERNARD.

Je te reconnais bien là... Ta place de curé est-elle assez bonne, au moins?... car tu serais capable de manger ton saint frusquin en aumônes et en services rendus.

MASTAÏ.

Ne t'inquiète pas, mon ami... la place est assez bonne, et tu sais que j'ai un patrimoine.

BERNARD.

Suffit!... attends que je paye. (*Appelant en italien.*) Holà! Bautega! (*Le cabaretier paraît. — En le payant.*) Tenez, mon brave; je puis vous dire que je suis flatté d'avoir fait halte devant votre auberge; j'y ai retrouvé quelqu'un que je serais allé chercher au plus profond des enfers... Salut et au revoir. (*Il a pris son sac et son bâton.*)

MASTAÏ.

Viens, viens, Bernard! (*Ils sortent. Quelques gens du peuple ont paru par différents côtés.*)

SCENE VI.

LE CABARETIER, Géns du Peuple.

LE CABARETIER, *au peuple.*

J'espère que notre bon évêque a l'air content, hein?... Il ne serait pas aussi heureux de se promener avec notre Saint-Père le pape qu'avec ce militaire français.

TOUS.

C'est vrai.

LE CABARETIER.

Ah! le pauvre cher homme! que Dieu nous le conserve long-temps à Imola! Ça serait bien malheureux pour nous s'il s'en allait dans un autre pays. (*Rumeurs au dehors. — Entrée d'habitants, puis du cardinal Moreno, suivi d'un nombreux et brillant cortége.*)

SCENE VII.

Les Mêmes, Le Cardinal MORENO, *suivi* d'Ecclésiastiques et de Soldats du Pape, Peuple.

MORENO, *à sa suite.*

Messieurs, nous allons, sans doute, trouver le prélat dans le palais épiscopal..... Si ces bonnes gens d'Imola savaient que nous venons ici pour appeler ailleurs leur digne évêque, je crois qu'ils ne nous recevraient pas avec ce plaisir et cet empressement!

Entrons, messieurs... (*Il entre avec sa suite dans l'évêché. — Roulemcht de tambours dans la coulisse.*)

LE CABARETIER.

Ah ! ça, qu'est-ce que ça peut vouloir dire ?... Un cardinal chez notre évêque !... Ça s'est vu ; mais, si celui-ci venait pour nous le prendre !...

SCÈNE VIII.

LES MÊMES, MASTAÏ, BERNARD, LES DEUX ECCLÉSIASTIQUES, *puis* MORENO *et sa* SUITE.

BERNARD, *à Mastaï revenant du fond à droite.*

Dis donc, qu'est-ce qu'il y a dans ta ville ?... On se remue un peu...

MASTAÏ.

Il y a certainement quelque chose d'extraordinaire... Nous allons le savoir ; rentrons !...

BERNARD.

Où ça ?...

MASTAÏ, *se dirigeant vers l'évêché.*

Chez moi...

BERNARD.

Tu demeures là-dedans ?... Excusez !... plus que ça de caserne !... (*La porte de l'évêché s'ouvre, le cardinal Moreno en sort avec toute sa suite.*)

MASTAÏ.

Le cardinal Moreno !... (*Il s'incline.*)

MORENO, *saluant.*

Monseigneur !...

BERNARD, *au Cabaratier qui se trouve près de lui.*

Comment, monseigneur !...

LE CABARETIER.

Puisqu'il est évêque !...

BERNARD.

Évêque !... (*Avec gravité.*) Rien que ça !... merci !...

MORENO.

Je suis chargé de vous transmettre le bref du saint Père qui vous nomme légat apostolique à Naples...

MASTAÏ.

Moi !...

MORENO.

J'en nommerais un autre, a dit sa sainteté Grégoire.... si

j'en connaissais un qui possédât plus de vertus, et plus de
science !...

MASTAÏ, montrant le peuple.

Et mon troupeau, monseigneur !.., (Rumeurs , expression de
chagrin parmi le peuple.)

MORENO, à haute voix.

Il ne sera point pourvu à votre remplacement comme évêque
d'Imola , et pendant votre absence, le siége de cette ville sera
administré par le chapitre !... (Marque de satisfaction.)

MASTAÏ, au peuple.

Je vous quitte, mes amis, mais pour peu de temps, je l'espère... Lorsque j'aurai rempli la mission qui m'est confiée, je
reviendrai parmi vous comme un père au milieu de ses enfants !
(Même marque de satisfaction de la part du peuple.)

BERNARD, bas à Mastaï.

Tu sais que je vais te suivre !...

MASTAÏ.

Je l'espère bien !

BERNARD.

C'est ça... je soignerai les burettes !... (Les troupes sont reve-
nues et se rangent à gauche et au fond l'arme au bras. — Moreno
est entré dans l'évêché avec sa suite ; Mastaï va pour le suivre,
et se retourne en étendant les mains sur le peuple, qui crie : Vive
notre bon évêque !...)

LE COMMANDANT.

Portez armes !... Présentez armes !... (Les tambours battent
aux champs.)

ACTE II.

—

QUATRIÈME TABLEAU.

LE NONCE.

Le cabinet du nonce apostolique à Naples. — Porte à droite et à gauche.

SCENE I.

LA MÈRE BERNARD. (Au lever du rideau, elle est assise devant
une table sur laquelle il y a tout ce qu'il faut pour écrire. Elle
dépose des petites piles d'argent enveloppées de papier.)

Voilà mes petits paquets tout préparés; l'argent destiné à chacun, les noms qui étaient sur la liste, tout ce qu'on m'a recom-
mandé... Il était temps que la santé et le calme revinssent dans

3

la ville de Naples... je ne sais pas comment nous aurions pu faire pour continuer de secourir les malheureux... Monseigneur a donné jusqu'à son dernier argent... Monseigneur... oui, mon mon fils, comme il veut que je l'appelle, depuis le jour où Bernard m'a ramenée d'Allemagne pour rester toujours avec eux... Mon bon Mastaï, le saint évêque, le nonce apostolique, qu'on aime et qu'on révère tant dans ce pays!... Ah! c'est qu'on sait bien tout ce qu'il a de vertus et de bonté!... Je ne dis pas de mal des autres, Dieu m'en garde, mais s'il y en a qui chantent mieux la messe, il n'y en a pas qui chantent aussi bien la chanson des pauvres.

SCÈNE II.

LA MÈRE BERNARD, MASTAÏ, BERNARD. (*Ce dernier porte un costume demi-laïque, demi-ecclésiastique.*)

MASTAÏ.

Ah! ah! mère Bernard, vous voilà à la besogne?...

LA MÈRE BERNARD.

Elle n'est guère pénible, cette besogne-là!...

MASTAÏ, *s'asseyant.*

C'est singulier, comme je suis fatigué!...

BERNARD, *avec un peu d'humeur.*

Je crois bien, quand on travaille comme un manœuvre, qu'on ne dort pas de quoi rassasier un oiseau, qu'on court la ville et les malades pendant trois mois entiers, sans faire halte, on a le droit de tomber de lassitude...

MASTAÏ, *bas à la mère Bernard.*

Il gronde beaucoup depuis quelque temps...

LA MÈRE BERNARD, *de même.*

Et il n'a pas toujours tort...

MASTAÏ.

Mais nous allons nous reposer, maintenant!... Cette cruelle épidémie qui a frappé Naples, la voilà disparue... Nulle part de nouveaux malades; et, partout, ceux qui ont été atteints reviennent à la santé... Aussi, comme la joie a reparu dans cette ville, sous ce climat heureux où la tristesse ne saurait durer!...

LA MÈRE BERNARD.

Et comme on bénit le légat apostolique?...

MASTAÏ.

Parce qu'il a fait son devoir?... Eh! mon Dieu!... c'est si simple!...

BERNARD, *à la mère Bernard.*

Voilà sa réponse perpétuelle!... oui, ça lui paraît simple comme bonjour! Et, pourtant, il n'y a qu'à voir... Cet hôtel, il en fait un hôpital, et on peut dire qu'il y avait de fameux dortoirs; tous les salons y ont passé!... Quant à l'argent, on ne prétendra pas que nous en avons gardé... (*Montrant les petits paquets.*) Voilà le restant du magot; je sais ça, moi, qui tiens la caisse; mais je ne tiens plus d'écus!...

MASTAÏ.

Mon traitement va m'arriver ces jours-ci...

BERNARD.

Brrr! il y passera comme les autres!...

LA MÈRE BERNARD.

Il faudrait pourtant en garder un peu pour acheter une voiture, puisque toutes celles qui étaient dans l'hôtel ont été vendues...

MASTAÏ.

Une voiture!... A quoi bon? Thérèse, la parole du Rédempteur a été puissante et féconde parce qu'il a parlé du sein de la pauvreté... La pauvreté! c'est le vœu que nous devons faire pour donner l'exemple de l'humilité chrétienne!... Vous voyez bien que tout est pour le mieux! (*Il se lève.*)

BERNARD.

Pour le mieux! quand on vous voit à présent manger avec des cuillers de fer!...

MASTAÏ.

Est-ce que nous avions de l'argenterie, là-bas, en Russie?

BERNARD.

Oh! je ne parle pas pour moi!... je vais mon train devant la gamelle, comme devant une soupière d'argent!... ça m'est inférieur!... c'est pour toi... (*se reprenant*) pour vous, que je me fais des réflexions à cet égard .. Comment! un homme, un évêque, un ambassadeur qu'on reçoit dans les rues de la ville comme si c'était un monarque, et de la première qualité, le voilà qui s'est privé dans son intérieur comme un sous-lieutenant en demi-solde!... ça se comprend, mais il n'y a pas de quoi chanter et folâtrer... C'est par rapport au grade que ça me gêne et me taquine....

MASTAÏ.

Eh bien, le grade, puisque tu parles de grade, n'est-il pas le même?...

BERNARD.

C'est vrai, et je suis toujours aide de camp, mais aide de camp à pied!...

MASTAÏ.

Oh! nous n'aurons jamais autant de chemin à faire que nous en avons fait pour revenir de Moscou...

BERNARD.

J'aime à le croire... Après tout, je me travaille la tête mal à propos... je suis si content de voir mon évêque, aimé, estimé et heureux, n'est ce pas ?

MASTAÏ.

Heureux, oui... Lorsqu'on s'est donné tout entier à Dieu, il se fait en vous un calme profond, céleste... (*Les prenant par la main.*) Mes amis, faire le bien, lorsque la destinée vous a placé parmi les puissances, donner quand on est riche, essuyer les larmes de ceux qui souffrent, c'est la plus belle et la plus touchante mission qu'un homme puisse devoir à la Providence... Maintenant, je vous prie d'aller tous deux auprès de nos anciens malades qui vont nous quitter...

LA MÈRE BERNARD.

Oui, et j'emporte mes petits paquets... (*Elle met l'argent dans son tablier.*)

MASTAÏ.

Bernard, aie bien soin de dire à ces pauvres gens que, s'ils ont encore besoin de moi, ils viennent me trouver...

BERNARD.

Je n'y manquerai pas... Venez-vous, la mère ?... appuyez-vous là-dessus...

LA MÈRE BERNARD.

Laisse donc; mes jambes sont meilleures que les tiennes... je rajeunis...

BERNARD.

Vous devriez me passer la recette et la manière de s'en servir... (*Ils sortent.*)

SCÈNE III.

MASTAÏ, *qui les a regardés sortir.*

C'est encore un bienfait du ciel d'avoir destiné ces deux bonnes créatures à m'accompagner dans mon passage sur la terre..... Ames naïves et dévouées qui détournent ma pensée des infirmités morales que le monde ne présente que trop souvent à mes regards !... (*Prenant un livre qu'il ouvre et remet sur la table.*) Quand donc, législateurs, écrivains, rois, souverains pontifes, nous attacherons-nous à prouver à tous que, même au point de vue mondain, la vertu est le meilleur de tous les calculs ? Jésus, le divin réformateur, n'a-t-il pas laissé l'Evangile, code sublime, qui ouvre ses voies sans limites aux pensées de liberté, de miséricorde et de bonté !... Si un jour, la lumière et la voix éclatante du progrès partaient de la chaire de saint Pierre, Sinaï trop longtemps couvert d'ombres et de nuages, et où retentiraient dans leur force primitive la doctrine et la morale du Rédempteur?... Ce serait beau, ce serait juste!... (*Souriant.*) Si on m'entendait pourtant!... (*Il prend son livre et lit un instant. — Bernard entre.*)

SCÈNE IV.
MASTAÏ, BERNARD.

MASTAÏ.

Qu'y a-t-il, Bernard?...

BERNARD.

Les femmes que nous avons reçues ici pendant l'épidémie, se préparent à partir... L'une d'elles m'a dit : Je ne puis pas m'en aller comme ça, sans remercier le bon évêque ; ça me pèserait sur la conscience... Demandez-lui s'il veut me recevoir..... Voilà!...

MASTAÏ.

Qu'elle vienne, mon ami, qu'elle vienne... Ah! à propos... où en est ta bourse?...

BERNARD, *la montrant.*

Elle en est qu'il lui serait impossible d'être plus allongée...

MASTAÏ.

Eh bien ! voyons la mienne... Ah! ah! il y a encore un peu d'argent...

BERNARD.

Ça m'étonne... Enfin!... je vais dire à cette brave femme de venir... (*Il sort et revient. — L'introduisant.*) Entrez, madame... (*Il se retire.*)

SCÈNE V.
MASTAÏ, ANGÉLA.

ANGÉLA, *s'agenouillant.*

Monseigneur, une pauvre femme, une mère que vos bienfaits ont rendue à sa fille, n'a pas voulu s'éloigner de cet asile sans vous porter l'expression d'une reconnaissance qui ne finira jamais... (*A cette voix, Mastaï regarde Angéla avec attention et se lève. — Elle, de son côté, a levé les yeux sur lui et se lève aussi. — Tous deux se reconnaissent, répriment leur émotion et se parlent comme s'ils ne s'étaient jamais vus.*)

MASTAÏ.

C'est Dieu qu'il faut remercier, madame, Dieu qui ne m'a donné un palais que pour l'ouvrir à ceux qui n'avaient pas d'asile... Vous habitez Naples, madame?

ANGÉLA.

Oui, monseigneur, j'y étais depuis peu de jours, seule avec ma fille, lorsque le fléau me frappa... J'étais pauvre, sans ressources, on me transporta ici... Lorsque je m'éveillai d'un sommeil tout semblable à la mort, ma fille était debout à mes côtés et me souriait... Où suis-je? demandai-je... On me répondit que j'avais été reçue dans l'asile que l'évêque d'Imola abandonnait aux malheureux... L'évêque d'Imola, je ne le connaissais pas, mais je priai pour lui, comme on prie pour un père bienfaisant et vénéré, et ma voix trouvait de touchants échos parmi toutes ces femmes que votre charité avait appelées... C'est vous, monseigneur, qui me rendez à ma fille, à ma fille que je tremblais de ne plus revoir...

MASTAÏ.

Vous voyez, madame, qu'il ne faut jamais désespérer.

ANGÉLA.

Et qu'il faut avoir du courage lorsqu'on est mère et qu'on doit vivre pour son enfant.

MASTAÏ.

Vous êtes seule avec elle, à Naples, avez-vous dit tout à l'heure?

ANGÉLA.

Oui, monseigneur; celui qui devait être notre appui s'est retiré de nous, oublieux de ses devoirs d'époux et de père... Que Dieu lui pardonne!... Je reste donc seule à ma chère Pepita... Eh bien, je ne veux pas me laisser abattre; la maternité rend courageuse.... Je ferai vivre mon enfant! Le pain ne lui manquera pas.

MASTAÏ.

Madame, c'est un noble spectacle que celui de l'infortune dignement supportée.... Mais il ne faut pas qu'elle mette son orgueil à repousser une main amie et heureuse de lui venir en aide... (*Allant à la table : il prend sa bourse, mouvement qui n'est pas vu d'Angéla. — A part.*) Non !... pas ainsi !... (*Haut.*) Madame, je ne veux pas sonder vos souffrances, car il vous en coûterait sans doute de les raconter... Vous avez parlé de pardon, c'est un sentiment qu'il faut accorder à ceux qui nous livrent au chagrin, car Dieu nous en tiendra compte !... Vivez pour votre fille, et si vous n'êtes pas tout à fait heureuse, vous aurez au moins ce calme de l'âme qui fait attendre la fin de nos épreuves !...

ANGÉLA.

Ma fille, monseigneur, elle m'a consolé de tout; c'est en elle que j'ai mis mes affections, mon espoir, mon existence !... Vos paroles vont à mon cœur de mère, et, en vous écoutant, il me semble entendre une voix d'en haut qui me raffermit et me pénètre...

SCÈNE VI.

LES MÊMES, LA MÈRE BERNARD, *tenant par la main* PEPITA,
FEMMES, ENFANTS.

ANGÉLA.

Monseigneur, voici mes compagnes sauvées comme moi par
votre bonté, et, comme moi, demandant à Dieu de vous récom-
penser... Voici ma fille...

MASTAÏ, *prenant la main de Pepita et l'attirant à lui.*

Mon enfant, si mes prières ont quelque valeur dans le ciel,
j'appelle sur vous sa bénédiction... (*Bas, en lui remettant sa
bourse.*) Quand vous serez sortis du palais, vous remettrez ceci
à votre mère!... (*Pepita met la bourse dans sa poche.*)

ANGÉLA *et les* FEMMES, *saluant.*

Monseigneur!...

MASTAÏ.

Que Dieu vous garde! (*Pendant que les femmes sortent avec
Angéla, Bernard est entré.*) Pauvres femmes! pauvres enfants!...

SCÈNE VII.

MASTAI, BERNARD, LA MÈRE BERNARD.

BERNARD.

Voici une lettre qu'on apporte de Rôme...

MASTAÏ.

Ah! je suis sans doute rappelé à Imola... (*Il décachète la
lettre et lit.*) Non, non... (*Montrant la lettre et avec simplicité.*)
Voyez donc, je suis nommé cardinal...

LA MÈRE BERNARD.

Cardinal!...

BERNARD.

Eh bien, quoi?... ils n'ont fait que leur devoir!... Il a son
grade!...

MASTAÏ.

Je vais répondre et remercier le Saint-Père...

BERNARD.

Et nous, nous allons dans la ville... car on dit qu'il va y avoir
une fameuse fête... en votre honneur! (*Ils sortent.*)

CINQUIÈME TABLEAU.

LA FÊTE DU RAMEAU D'OR A NAPLES.

Une place de Naples, au bord du golfe. — Barques amarrées. — Monuments, palais, maisons, çà et là des balcons, des fenêtres, des terrasses
praticables. Le tout représente l'aspect animé d'une fête publique.

BALLET.

Puis un cortége. — C'est la fête du Rameau d'or. — Le cortége s'arrête.— Paraissent au fond, à gauche, des soldats. — Puis entre Mastaï suivi de Bernard, la mère Bernard et des ecclésiastiques. — Mastaï s'arrête au milieu du théâtre. — Tout le monde s'agenouille dans le plus profond respect.

SCÈNE I.

MASTAÏ, BERNARD, LA MÈRE BERNARD, Ecclésiastiques, Soldats, Peuple.

MASTAÏ, *au peuple.*

Mes amis, je ne veux pas interrompre longtemps vos plaisirs... Avant de quitter cette ville, dont le souvenir ne sortira jamais de mon cœur, j'ai voulu laisser un adieu à ceux qui souffrent !... La pitié est facile à ceux qui sont heureux... La charité pour les pauvres, s'il vous plaît !... (*Mouvement général*). — *Bernard, la Mère Bernard ainsi que deux Ecclésiastiques font la quête. — Les uns donnent de la monnaie; les femmes donnent leurs anneaux, leurs boucles d'oreilles.*)

MASTAÏ, *après la quête.*

Merci, mes enfants; Dieu vous le rende !..... (*Tout le monde s'incline : Mastaï sort suivi de Bernard, la Mère Bernard et sa suite. Puis le cortége de la fête défile. — Ensuite le ballet recommence et finit. Tableau.*)

ACTE III.

SIXIÈME TABLEAU.

LE CARDINAL.

Un petit intérieur du Vatican. — Porte à droite et à gauche. — Guéridon, tout ce qu'il faut pour écrire. — Chaises.

SCÈNE I.

UN CAMÉRIERE, UN OFFICIER PONTIFICAL; *ils entrent de droite.*

L'OFFICIER PONTIFICAL.

Oui, monsieur le Camériere, le cardinal Marini, chargé du gouvernement du palais, pendant la maladie si grave du Saint-Père, désire que l'ordre qui a régné jusqu'à ce jour dans le Vatican soit maintenu avec zèle et fermeté...

LE CAMÉRIERE.

Je le sais, mon cher ami, je le sais, et je m'y conformerai

on ce qui me concerne. Mais le cardinal Marini et les autres grands dignitaires n'ont qu'à vouloir, à ordonner; tandis que moi...

LE CAMÉRIERE.

Vous....

L'OFFICIER.

Oui, moi, je suis condamné à une foule de détails... c'est à n'y pas tenir...

L'OFFICIER.

Mais vos fonctions ne sont pas plus étendues qu'autrefois?...

LE CAMÉRIERE.

Non, non; mais comme mon emploi dans le Vatican est tout de confiance, il s'ensuit qu'on s'adresse à moi de tous les côtés... On me consulte, on me questionne, on me soude sur les événements possibles... Mes relations avec tous les cardinaux m'exposent à une foule de suggestions, de conseils, de prières, si bien que souvent je ne sais auquel entendre... Ah! mon cher, vous êtes heureux d'avoir des attributions nettes, définies, tranchées; moi, je suis l'homme des confidences et j'ai besoin d'une diplomatie adroite, attentive, ingénieuse!... Je marche entre des caractères si différents!... Il me faut ménager tant de susceptibilités!...

L'OFFICIER.

Vous vous dédommagez par la confiance que vous témoignent les cardinaux.

LE CAMÉRIERE.

Confiance sur laquelle je ne m'abuse pas... Ils savent si bien que je suis au fait de tous les secrets du Vatican!... Aussi, comme ils se découvrent à moi avec une familiarité qui m'honore!...

L'OFFICIER.

Et si le conclave doit s'assembler bientôt pour élire un nouveau pape, comme c'est probable, vous ne manquerez pas d'avoir votre petite influence!...

LE CAMÉRIERE.

Ne m'en parlez pas, voilà mon embarras... A chaque nouvelle élection, nouvelles démarches, nouvelles intrigues, nouvelles appréhensions!... On nomme des papes si vieux que nous n'avons jamais une douzaine d'années à respirer... Un pape devrait être immortel, comme dit le cardinal Balfi... A propos, il faut que je lui remette la loge qu'il m'a chargé de retenir pour un concert qu'on va donner.

L'OFFICIER.

Ce n'est pas le cardinal Moreno qui vous donnerait une pareille commission.

LE CAMÉRIERE.

Oh! celui-là, s'il devenait pape, il y aurait à Rome plus d'inquisiteurs que de chanteurs et de cantatrices!... (*La porte de droite s'ouvre.*)

L'OFFICIER.

On vient; continuons notre inspection dans le palais.

LE CAMÉRIERE, *tout en cherchant le billet.*

Et qui vient?...

L'OFFICIER.

Monseigneur Mastaï.

LE CAMÉRIERE.

Celui-ci serait assez jeune pour qu'on pût respirer, s'il était nommé pape : mais je ne pense pas qu'il y arrive.

L'OFFICIER, *remontant.*

Venez, venez!...

LE CAMÉRIERE.

N'allons pas si vite; je veux saluer l'ambassadeur de France qui est avec lui... Il faut avoir des amis partout. (*Ils sortent en saluant Mastaï et l'ambassadeur qui entrent.*)

SCENE II.

L'AMBASSADEUR, MASTAI.

L'AMBASSADEUR.

Ainsi donc, monseigneur, le Saint-Père...

MASTAÏ.

Hélas! monsieur l'ambassadeur, les hommes de l'art n'espèrent plus, et le moment est proche peut-être où Dieu va le rappeler à lui.

L'AMBASSADEUR.

Que le ciel inspire le choix de son successeur!

MASTAÏ.

Je n'aime point m'arrêter à cette pensée que bientôt Grégoire XVI ne régnera plus.

L'AMBASSADEUR.

La sagesse consiste à prévoir...

MASTAÏ.

Oui, mais souvent le cœur s'y refuse.

L'AMBASSADEUR.

Sixte-Quint ne dédaigna pas de prévoir et de préparer.

MASTAÏ.

Il ne m'appartient pas de le juger, mais ce grand homme a dû souffrir!... Mieux vaut la condition la plus humble que les sommets de la grandeur où l'on n'arrive qu'à force de contrainte et de dissimulation.

L'AMBASSADEUR, *à part.*

C'est bien l'homme qui aiderait à ce mouvement de progrès qui entraîne l'Europe, et qui, si on ne le sert, peut devenir un torrent débordé... mais il n'a pas d'ambition !... (*Haut.*) Laissez-moi, monseigneur, désirer un souverain pontife selon les vœux et les idées de la France !...

MASTAÏ.

La France, monsieur ! et qui donc ne serait heureux et fier de s'appuyer d'elle et de lui plaire ?... La France ! nation que toutes les nations suivent du regard, soit qu'elle se mette en marche pour ses conquêtes, soit qu'elle se repose sur ses lauriers et dans sa majesté !... Elle a hérité de toute la gloire des enfants de Romulus ; c'est donc une sœur pour le pontife et pour le peuple qui foulent sous leurs pieds la cendre des triomphateurs du Capitole !... La France ! nulle puissance n'a de force contre elle, et le faible qu'elle abrite devient fort !... Rome ne doit jamais en détourner ses yeux et sa pensée !... Et, je le dirais à tous, s'il le fallait, le temps est venu de marcher dans les voies de cette reine de la civilisation !

L'AMBASSADEUR.

Ah ! monseigneur, puissiez-vous, pour la gloire et le bonheur de la chrétienté, parvenir au souverain pontificat !...

MASTAÏ.

Moi, monsieur, je ne l'ai jamais espéré ; je n'y ai même jamais songé... (*La porte de gauche s'ouvre.*) Ah ! voici les cardinaux...

L'AMBASSADEUR, *à part.*

La religion et la liberté, voilà ce qui l'inspire... Ah ! c'est bien l'homme qu'il faudrait ! (*A Mastaï.*) Je vous quitte, monseigneur, et je ne saurais oublier vos paroles si flatteuses pour la nation que j'ai l'honneur de représenter !... (*Il salue les cardinaux, puis il sort.*)

SCÈNE III.

MASTAÏ, LES CARDINAUX BALFI, MORENO, GRÉGORIO. (*Un domestique approche un guéridon au milieu avec des chaises.*)

BALFI.

Mon Dieu ! messeigneurs, vous parlez de conseil à tenir... sur quoi, je vous le demande ? Il fait une chaleur inconvenante, je n'en puis plus ; je marche depuis un quart d'heure... (*Il se laisse tomber sur une chaise.*) Bonjour, Mastaï...

GRÉGORIO.

Songez donc, mon cher Balfi, le Saint-Père est bien malade...
nous avons peut-être à aviser...

BALFI.

Il faudrait aviser à le guérir, si c'est possible.

GRÉGORIO.

Nous devrions nous entendre sur le nombre de messes à faire
dire à Saint-Pierre, à Sainte-Marie-Majeure, à...

BALFI.

Commencez par diminuer le nombre de ses médecins, mon
cher Grégorio.

GRÉGORIO.

Le gouvernement de la ville.

BALFI.

La ville est tranquille, et je voudrais bien l'être aussi... Nous
sommes ici dans une agitation qui ne va guère à mes habitudes ;
je ne dors plus mes dix heures indispensables... tout devient
noir, et je n'aime que les couleurs tendres et douces... On ne
fait que sonner à la porte de mon palais... On m'apporte des
lettres jusqu'au milieu de mes repas... On me tuera, mon cher
Mastaï...

MASTAÏ, *souriant.*

Mais on ne fera pas de vous un cénobite...

BALFI.

Prenez garde, vous me dénoncez un peu à monseigneur Moreno, et il n'y fait pas bon ; il est, en sa qualité d'Espagnol,
partisan de l'inquisition.

MORENO.

Oui, certes... sans elle, que ferez-vous de l'hérésie ?...

BALFI.

L'hérésie ?... Je lui dirai qu'elle a tort, et je tâcherai de le lui
prouver... je ne la convaincrai pas en la brûlant...

MORENO.

Vous l'extirperez, du moins...

BALFI.

Vous êtes trop chirurgien, mon cher... moi, qui suis de mau-
vaise humeur, lorsque mes fauteuils ou mon lit sont un peu moins
doux qu'à l'ordinaire, je ne saurais, en vérité, devenir partisan de
vos chevalets et autres gracieusetés à l'usage de la très-sainte
Hermandad !... Et, tenez, je me rappelle avoir vu, dans le temps,
au théâtre de la Scala, un opéra...

GRÉGORIO.

Un opéra !...

BALFI.

Eh bien, puisque je n'étais alors qu'un simple abbé ?... Est-ce que les abbés ne vont pas à l'Opéra ?... C'est bien assez que les cardinaux en soient privés, en costume du moins ! Or donc, il y avait, dans cet opéra, une scène qui frisait un peu les cachots de l'Inquisition et donnait un aperçu des agréments et des douceurs qu'on pouvait y rencontrer... Je fis une observation profonde: c'est que toutes les jeunes dames de l'assemblée se trouvèrent mal, et que les vieilles seules résistèrent... D'où je conclus que la très sainte-Hermandad ne savait pas heureusement choisir ses adeptes et ses sectateurs...

MORENO.

Alors, si jamais vous étiez pape...

BALFI.

Cela me dérangerait un peu, car je suis paresseux...

GRÉGORIO.

Un des sept péchés capitaux...

BALFI.

Oui, lorsqu'on est obligé de travailler... Donc, si, par hasard, je devenais pape, je ne voudrais pas faire peur, et je ne tiendrais à donner à personne un avant-goût de l'enfer pour essayer de l'envoyer en paradis... Le conseil est-il fini, messeigneurs ? je suis bien fatigué !...

L'OFFICIER, *entrant.*

Messeigneurs, il y a là un homme envoyé auprès de vous par le peuple, et surtout par les Transtévérins...

BALFI.

Eh bien, mon ami, qu'il vous parle, à vous...

L'OFFICIER.

Il vient, dit-il, en députation...

BALFI.

Avec un discours?...

L'OFFICIER.

Je l'ignore, monseigneur...

MASTAÏ.

Nous devons recevoir cet homme, car le Saint-Père le recevrait, si c'était possible... C'est un usage dans des circonstances pareilles à celles où nous sommes : c'est un droit du côté du peuple, et, du nôtre, il y a devoir !...

BALFI.

Ah ! Mastaï, vous êtes sans pitié pour moi !..

MASTAÏ, *à l'Officier.*

Faites entrer !...

SCÈNE XV.

LES MÊMES, RODOLFO.

MASTAÏ.

Parlez, mon ami...

GRÉGORIO.

D'abord, qui êtes-vous ?...

RODOLFO.

Je m'appelle Rodolfo, je suis pêcheur, je demeure au Transtévère... (*Montrant un papier.*) Voici la preuve de ma mission auprès de vous...

MORENO, *qui a parcouru le papier.*

C'est bien !...

GRÉGORIO.

Et que voulez-vous ?...

RODOLFO.

Vous dire que nous savons que d'un moment à l'autre Grégoire XVI va quitter ce monde, et que nous serions allés lui porter nos prières, nos réclamations, s'il n'y avait pas toujours entre ceux qui gouvernent et le peuple des gens empressés d'écarter la vérité et la justice... (*Mouvement parmi les Cardinaux.*) Je viens à vous, car nous ne voulons pas troubler les derniers instants du Saint-Père...

MORENO, *qui se trouve près de lui.*

Et de quel droit...

RODOLFO.

Pardon, monseigneur, je ne voudrais pas sortir du respect; mais, vous êtes étranger et il s'agit du peuple romain... Grégoire XVI avait promis des améliorations : le temps lui a-t-il manqué, ou sa bonne volonté s'est-elle endormie ?.. c'est à Dieu d'en juger... Mais il vous appartient, à vous, de prendre soin du compte qu'il peut avoir à rendre à cet égard !...

GRÉGORIO, *se levant.*

Que prétendez-vous donc ?... (*Il passe à gauche.*)

RODOLFO.

Je prétends que si, dès à présent, Grégoire XVI ne peut plus rien ici-bas, il y aurait devoir et dignité pour vous à apaiser la juste révolte de sa conscience...

MORENO.

Vous parlez ainsi du Saint-Père ?...

RODOLFO.

Je parle ainsi du souverain... Quant à l'homme qui va mourir, tout à l'heure encore, ma femme, mes enfants et moi, nous étions agenouillés dans Saint-Pierre, suppliant le ciel de lui être favorable... Messeigneurs, vous êtes puissants, vous êtes riches, vous êtes heureux; nous autres, nous souffrons... Nous savons bien que nous serons toujours pauvres, et nous acceptons ; mais la pauvreté se change rapidement en misère, et, faute de soin, de prévoyance, de pitié de la part du gouvernement, tout languit dans Rome, et il est temps d'y pourvoir, pour nous... comme pour vous !...

MORENO.

Vous menacez ?...

RODOLFO.

Je vous menace d'un spectacle qui vous frapperait au cœur, je dois le penser. Si le Saint-Père pouvait voir à quel point on a négligé les promesses qu'il avait faites, et peut-être les ordres qu'il avait donnés, ses derniers moments seraient cruellement attristés ! (*Mouvement parmi les Cardinaux. — Ils semblent se consulter du regard.*)

MASTAÏ, *à part.*

Il dit vrai !...

RODOLFO.

C'est à vous qu'il appartient, messeigneurs, d'entreprendre l'œuvre qu'il voulait construire; et, si Dieu le rappelle à lui, que son successeur, en montant sur le trône, écoute à ses pieds les prières d'un peuple qui le bénira s'il en est entendu.

GRÉGORIO.

Est-ce tout?

RODOLFO.

Tout ce que j'avais à vous dire... (*Mouvement de joie de la part de Balfi, qui croit que c'est fini et qui se lève pour se retirer ; mais au moment où Rodolfo continue, il va s'asseoir. Moreno s'avance près de Rodolfo. Mastaï est toujours assis.*) mais, non pas tout ce que vous savez déjà. Plusieurs Romains, entraînés par une impatience, blâmable sans doute, mais que le malheur excuse, se sont jetés dans des entreprises politiques, ou plutôt dans de simples projets... Coupables, la loi est allée bien au delà de leur crime... D'autres sont innocents, on le sait; et on peut dormir, tandis que là, dans le château Saint-Ange, des malheureux se demandent pourquoi on les a ravis à leur famille, à la lumière, à l'espérance... Ne laissez pas leurs gémissements se mêler aux prières qui accompagneront le dernier soupir du Saint-Père... Et si le temps vous manque pour une juste réparation, malheur au souverain pontife qui monterait sur le trône en fermant l'oreille aux malédictions qui s'élèveraient de la profondeur des cachots !... (*Vive agitation.*) J'ai dit, messeigneurs, et ceux qui m'ont envoyé attendront comme moi !... (*Sur un geste de Moreno, il salue et sort.*)

GRÉGORIO.

Il est hardi... Le peuple commence à ne plus croire...

BALFI, *s'appuyant sur le dossier d'un fauteuil.*

Le peuple, mon cher, il faut y penser un peu, quand ce ne serait que pour dormir tranquille... (*Moreno retourne au guéridon comme pour continuer le conseil.*)

L'OFFICIER, *entrant.*

Messeigneurs, le Saint-Père vous appelle auprès de lui!...

MORENO.

Hâtons-nous... bientôt peut-être il ne sera plus temps!..

MASTAÏ, *à part.*

Oui, cet homme a dit vrai!... (*Ils sortent avec recueillement.*)

SEPTIÈME TABLEAU.

LE CONCLAVE.

Une place de Rome. — A gauche, le palais du Conclave. — Au fond, un immense escalier qui monte jusqu'aux portes du Vatican. — Le peuple est agenouillé sur la place et tourné vers le palais du Conclave.—Rodolfo est parmi eux.

SCÈNE II.

RODOLFO, GENS DU PEUPLE, *un* OFFICIER PONTIFICAL *sur le seuil de la porte du palais, sentinelles de chaque côté et au fond.*

L'OFFICIER.

Peuple, le successeur de Grégoire XVI va être élu... le conclave est assemblé... Priez! (*Il se retire.*)

UN HOMME DU PEUPLE, *s'adressant à une femme.*

Sais-tu qui sera nommé pape à la place de Grégoire XVI?...

LA FEMME.

Ça ne sera toujours pas toi, Pédrillo, ni un étourneau sans cervelle de ta sorte!...

L'HOMME.

Tu veux dire qu'à l'ordinaire il sera vieux... à peu près comme toi? (*Il descend en scène avec quelques-uns.*)

LA FEMME.

Eh bien! cela prouve que les vieux sont encore bons à quelque chose, puisqu'on en fait des papes.

L'HOMME.

On en fait, parce qu'on n'a pas voulu essayer des jeunes.

RODOLFO.

Je crois bien... un jeune pape aurait d'autres idées, et on ne veut pas... On voudrait nous voir vivre et penser comme si nous ne devions jamais changer...

LA FEMME.

On parlait tout à l'heure de monseigneur Moreno...

RODOLFO.

Moreno! par exemple! Autant prendre des torches et mettre le feu à Rome! Un cardinal qui regrette l'inquisition et qui voudrait la rétablir, s'il était jamais pape! On en verrait de belles! Nous avons juré, au Transtévère, de prendre nos escopettes si on s'avise de nous donner pour maître ce vieil inquisiteur.....
(*Tout le monde s'est rassemblé.*)

L'HOMME.

Qui donc faudrait-il nommer ?

RODOLFO.

Est-ce qu'il est besoin de chercher longtemps? n'y a-t-il pas là l'évêque d'Imola? Il n'est pas vieux, il a les idées du siècle... Quant à la bonté et à la vertu, il en a plus que personne... il n'y a que lui pour gouverner Rome comme il convient de la gouverner maintenant... Voyez-vous de la fumée à la cheminée?
(*Tout le monde regardant en l'air à gauche.*)

L'HOMME.

Non... pourquoi?

RODOLFO.

Vous ne savez donc pas que lorsque la cheminée fume, c'est qu'on ne s'entend pas, et qu'on brûle les bulletins dans le foyer pour recommencer?... S'il n'y a pas de fumée, c'est qu'on est d'accord... Nous allons savoir à quoi nous en tenir.

L'HOMME.

Je parie pour monseigneur Moreno...

RODOLFO.

Je te retiens, toi, si ton Moreno est nommé!...

VOIX DIVERSES.

Pour Balfi!... Pour Mastaï!... Pour Grégorio!... (*L'Officier reparaît.*)

RODOLFO.

Silence!... écoutez...

L'OFFICIER.

Peuple, le conclave vient d'élire pour successeur de Grégoire XVI, monseigneur l'évêque d'Imola!

RODOLFO.

Bravo! la liberté romaine va renaître! (*Acclamations du peuple qui se place de chaque côté du théâtre. — Cortége. — On voit descendre par les escaliers qui montent au Vatican des ecclésiastiques, des officiers pontificaux, la garde suisse, les cardinaux, les diverses confréries religieuses. Puis le pape paraît porté sous un dais et revêtu de ses insignes. — Tableau. — Rideau.*)

ACTE IV.

HUITIÈME TABLEAU.

LE PRISONNIER.

Le théâtre représente un cachot du château Saint-Ange. — Un homme, vêtu comme un prisonnier enfermé depuis longues années, est couché sur un grabat. — On entend dans le lointain le canon par intervalles.

SCÈNE I.

GAETANO, *puis* UN GUICHETIER.

GAETANO, *se réveillant au bruit du canon qu'il écoute et restant sur le grabat.*

Qu'y a-t-il dans cette ville où naguère le son des cloches passait dans les airs comme une voix lamentable? Aujourd'hui, le canon retentit comme pour une fête... Réjouissez-vous donc, vous qui vivez, là-haut, sous le dôme éclatant du ciel, sous le soleil de la liberté!... La liberté, c'est tout; c'est la patrie, c'est la famille, c'est l'existence!... Et ils m'en ont privé, parce qu'un jour, un moment, mon âme a rêvé une vie meilleure!... Si du moins ils m'avaient donné des juges... mais non... on m'a pris et l'on m'a jeté ici, enveloppé dans le suaire de l'oubli... sans s'inquiéter si je suis innocent ou coupable!... Seigneur, Seigneur... leur pardonnerez-vous ce crime lorsqu'ils paraîtront au tribunal de votre justice?... (*Un Guichetier entre de droite et dépose près du grabat une cruche et un morceau de pain.*) Que se passe-t-il donc à Rome? j'entendais le bruit du canon, tout à l'heure!... (*Le Guichetier ne répond pas et prend l'autre cruche vide.*) Vous ne répondez pas!... Avez-vous reçu de nouveaux ordres contre moi?.. (*Même silence.*) Je suis si dangereux qu'on ne saurait prendre trop de précautions, n'est-ce pas?... Rien... Pas une parole!... (*Le Guichetier hausse les épaules.*) Le mépris!... Ah! misérable!... (*Il prend la cruche comme pour l'en frapper.*)

LE GUICHETIER.

Vous pouvez, si vous voulez, répandre l'eau que je vous ai apportée; mais, d'ici à huit jours, vous n'en aurez pas d'autre, je vous en préviens!...

GAETANO.

Huit jours! une nouvelle torture, la soif!... (*Remettant la cruche.*) Je suis docile, n'est-ce pas?... (*Avec un rire strident.*) Ah! ah! ah!

LE GUICHETIER.

A la bonne heure, vous riez, vous voilà plus gai, plus raison-
nable... (*Il sort.*)

SCÈNE II.

GAETANO, *seul.*

Il en est venu à jouer avec mon infortune, avec mes tortures.
Il est maître de moi comme il le serait d'un objet abandonné à
sa discrétion, d'une chose inerte qu'il peut à son gré jeter où il
lui plaira, fouler aux pieds, briser !... Et tout cela parce qu'on
lui a mis une clé dans la main, la clé qui me garde, qui me re-
tranche du monde et me retient dans une sorte de tombeau !...
Il y a des supplices qui ont leur bizarrerie... Une clé, un morceau de fer, maître suprême d'un homme ! un instrument ma-
tériel tyrannisant l'intelligence et la réduisant à n'être rien !...
Que sommes-nous donc, mon Dieu ?... (*Il s'assied sur le bord
du grabat, la tête appuyée sur les mains. La porte s'ouvre, le Guichetier introduit Mastaï vêtu en simple prêtre.*)

SCÈNE III.

GAETANO, MASTAI, LE GUICHETIER.

LE GUICHETIER.

Le voilà, tenez, puisque vous avez demandé à lui parler....
C'est assez drôle qu'on vous en ait donné la permission.

MASTAÏ.

Laissez-nous.

LE GUICHETIER.

Je vous laisse, parce que cela me plaît : ce n'est pas à un simple prêtre comme vous à me commander...

MASTAÏ.

Je ne commandais pas... (*Le Guichetier sort. — A part.*)
Il ne suffit pas de la prison, du cachot, il y a encore la dureté,
le despotisme du geôlier !... (*Haut à Gaëtano, qui l'a aperçu et
qui le regarde.*) Mon ami...

GAETANO.

Que me voulez-vous ?... Ah ! je comprends... L'heure est
venue sans doute, et vous êtes ici pour m'exhorter à la mort....
Votre tâche sera facile : la mort, pour moi, ce sera la déli-
vrance ; et j'irai dire, là-haut, à notre souverain juge, ce que
valent la liberté et la vie d'un homme sous le règne des succes-
seurs de saint Pierre !...

MASTAÏ.

Vous vous êtes mépris sur ma mission auprès de vous... j'ai
voulu vous apporter la consolation et l'espérance...

GAETANO.

La consolation, l'espérance, à moi!... mais il y a dix ans, dix ans que je suis ici.

MASTAÏ, le regardant avec compassion.

Dix ans !

GAETANO.

Mais je suis un homme oublié de tous, perdu, enseveli entre ces murailles!.. Ceux qui m'aimaient ne savent pas si j'existe encore, et mon nom est peut-être effacé de leur mémoire, comme les traces de mes pas sont effacés sur les sables des bords du Tibre...

MASTAÏ.

Non, si vous étiez tout à fait oublié, serais-je ici, moi qui ai marché vers vous, guidé par le doigt de Dieu qui vous désignait à ma pitié, à ma sympathie ?...

GAETANO, attendri.

Ah ! merci ! Il y a si longtemps que des paroles amies ne sont venues jusqu'à mon cœur ! merci !... (Il lui prend la main et essuie ses larmes.) Vous m'avez donné un instant de repos à travers mon martyre, et je m'en souviendrai pour vous bénir... Mais qui donc êtes-vous ? qui vous avait parlé de moi ?

MASTAÏ.

Personne... j'ai voulu visiter les prisonniers du château Saint-Ange. Les registres m'ont appris que vous étiez enfermé depuis dix ans, sans avoir été jugé, et sur une accusation qui m'a paru bien légère... et je me suis promis de vous voir... de prendre votre main dans la mienne, et de vous dire : espérez !...

GAETANO.

Il y a si longtemps que je souffre, que je ne sais plus croire qu'à la souffrance.

MASTAÏ.

Mais, pardon si je vous fais raconter vos douleurs; n'avez-vous pu au moins écrire à votre famille, à vos amis, qui auraient pu implorer pour vous le pouvoir ?...

GAETANO, à part.

On n'a jamais voulu me le permettre.

MASTAÏ, à part.

Et l'on dit que la torture est abolie!.. (Haut.) Mon ami, dites-moi comment la liberté vous fut ravie.... (Il s'assied avec lui sur le bord du grabat.)

GAETANO.

Hélas! si je parlais à un homme venu d'un pays libre, il ne me croirait pas... Étudiant, mon imagination avait été frappée de tout ce qu'on me racontait des Universités allemandes... je songeais à l'esprit d'indépendance... et de progrès qui les anime, et je projetai de répandre en Italie des doctrines que je trouvais justes et fécondes.... je fis un travail sur ce sujet, et je le montrai à quelques-uns de mes camarades. On le sut, et je ne m'en cachais pas d'ailleurs, et, un jour, au moment où j'étais auprès de ma mère, ma mère seule au monde avec moi, des sbires se présentèrent, m'arrachèrent de ses bras, et je fus amené dans le château Saint-Ange !... près du Vatican où siége le succcesseur d'un apôtre qui devrait entendre les gémissements des victimes de la tyrannie !...

MASTAÏ.

Mon ami, les souverains savent rarement la vérité, et trop souvent de coupables subalternes font accuser des princes qui ne savent pas qu'on abuse de leur autorité... Tenez... Grégoire XVI vient de mourir, et...

GAETANO, cherchant dans ses souvenirs.

Grégoire XVI....

MASTAÏ.

Ah ! pardon, vous étiez déjà prisonnier lorsqu'il fut élu à la papauté... Eh bien, son successeur... il faut qu'il connaisse, il connaîtra vos malheurs...

GAETANO.

Le Saint-Père !.... Tout à l'heure j'entendais le canon qui, sans doute, annonçait son élévation au pouvoir... Il est trop haut pour que ma voix arrive jusqu'à lui au milieu des pompes et des fêtes...

MASTAÏ, à part.

Qui me dit que je connaîtrai tous les infortunés qui peuvent parler comme celui-ci ?... Seigneur, c'est un terrible fardeau que celui d'une couronne !

SCENE IV.

Les Mêmes, LE GUICHETIER.

LE GUICHETIER, à Mastaï.

Allons, vous êtes resté plus longtemps que ne le portait votre permission... près de trois minutes de plus... il faut sortir...

GAETANO, allant à Mastaï.

Je ne vous reverrai plus !...

MASTAÏ.

Vous me reverrez, je vous le promets !

GAETANO.

On ne le permettra pas !... Oh ! je retombe dans le désespoir ! Je vais être seul encore, toujours seul, toujours abandonné ! (Il serre convulsivement les mains de Mastaï.) Ne me quittez pas encore !... un moment, un seul pour me parler comme vous me parliez !...

LE GUICHETIER, *à Gaëtano qu'il sépare violemment de Mastaï.*

Laisse-le donc s'en aller, puisqu'il faut qu'il s'en aille !

GAETANO.

Ah ! misérable ! tu as porté la main sur moi !

LE GUICHETIER, *le menaçant de son trousseau de clefs.*

Tu te révoltes !... Si ma main ne suffit pas, voici de quoi le châtier !

MASTAÏ, *le repoussant d'un geste digne et ferme.*

Arrière ! vous deviez être un lâche, car vous êtes cruel !

LE GUICHETIER.

Ah ! s'il s'en mêle, lui aussi !... C'est bon ! voilà justement le gouverneur qui fait sa ronde... (*Entr'ouvrant la porte.*) Seigneur gouverneur, j'ai besoin qu'on me prête main forte !

SCÈNE V.

LES MÊMES, LE GOUVERNEUR *du château Saint-Ange,* SOLDATS, *qui se rangent au fond.*

LE GOUVERNEUR.

Qu'y a-t-il donc ?

LE GUICHETIER.

Il y a un prisonnier qui se révolte et un prêtre qui le soutient !...

LE GOUVERNEUR.

Comment !

MASTAÏ.

Cet homme ne dit pas la vérité, monsieur !

LE GOUVERNEUR.

Quoi qu'il en soit, votre visite ne devait pas être une occasion de trouble... je suis forcé de vous demander qui vous êtes et de quel supérieur direct vous dépendez...

GAETANO.

Vous voyez bien, on vous punira de votre amitié pour moi !

MASTAÏ.

Rassurez-vous... (*Au Gouverneur.*) J'obéis, monsieur... vous allez être parfaitement informé sur mon compte, et je signerai ce que je vais écrire... (*Le Gouverneur a fait un signe à un secrétaire qui tient un registre à la main, et qui présente une plume à Mastaï. Celui-ci après avoir écrit passe le registre au Gouverneur.*)

LE GOUVERNEUR, *lisant.*

« Ordre au gouverneur du château Saint-Ange de rendre la liberté au prisonnier Gaëtano... Telle est notre volonté... » (*Rendant le registre.*) Le Saint-Père !...

GAETANO.

Grand Dieu ! (*Il va pour tomber aux genoux de Mastaï qui le retient dans ses bras.*)

MASTAÏ.

Je ne fais que rendre la justice, mon ami, et une justice bien tardive...

GAETANO.

Ah ! soyez béni comme un Père, comme Dieu !

MASTAÏ, *au Gouverneur qui est resté dans l'attitude de la stupeur, ainsi que le Guichetier et les soldats.*

Monsieur le gouverneur, ma présence vous étonne, mais vous me reverrez souvent... Le souverain qui se renferme dans son palais, manque à son devoir, car il attend que la vérité vienne à lui, tandis qu'il doit aller au devant d'elle... (*Désignant le Guichetier qui est à genoux.*) Quant à cet homme...

GAËTANO.

Grâce pour lui, Saint-Père !...

MASTAÏ.

Bien !... (*Au Guichetier.*) Souvenez-vous donc qu'il faut avoir pitié de ceux qui souffrent, même quand ils seraient coupables. (*A Gaëtano.*) Venez, mon ami ; je veux être auprès de vous lorsque vous allez revoir la lumière du ciel...

LE GOUVERNEUR, *aux Soldats.*

Portez armes !...

MASTAÏ, *en désignant Gaëtano.*

Pour lui, plus que pour moi, car le malheur aussi est une dignité !...

LE GOUVERNEUR.

Présentez armes !... (*On exécute.— Mastaï et Gaëtano sortent suivis du Gouverneur, des Soldats et du Guichetier.*)

NEUVIÈME TABLEAU.

LE TRANSTÉVÈRE.

Le théâtre représente le cabinet du Pape. — Porte à droite et à gauche. — Au fond, grande porte croisée.

SCÈNE I.

LE CAMÉRIERE, des Domestiques, puis BERNARD.

LA CAMÉRIERE, *aux Domestiques qui portent chacun un petit guéridon ; à celui de gauche.*

Mettez là ce guéridon... on le rapprochera pour le déjouner... Certainement le saint Père ne s'inquiète guère de ces petits détails,

MASTAÏ.

Tout à l'heure...

BERNARD.

Tout à l'heure il viendra du monde, des officiers, je ne sais quoi !... Et cette tasse de chocolat s'en retournera comme tant d'autres, pleine et entière... Si la pauvre mère vivait encore, elle gdonderait un peu de vous voir perdre le boire et le manger. Mais, moi, c'est comme si je chantais...

MASTAÏ, *allant s'asseoir.*

Ne te fâche pas... je vais t'obéir...

BERNARD.

Bon !... (*Mastaï prend son chocolat.*) En voilà un déjeuner qu'on peut appeler frugal et sans façon...

MASTAÏ.

Il est bien suffisant, va !... si tout le monde en avait autant !

BERNARD.

Après ça, déjeuner, dîner, tous les repas possibles... Prenez donc un peu de pain, au moins... Vous les faites seul, sans avoir jamais personne à votre table... ça n'encourage guère à avoir de l'appétit...

MASTAÏ.

C'est l'usage, mon ami ; un pape doit manger seul...

BERNARD.

Je le sais, vous me l'avez déjà dit, mais, je ne comprends pas.

MASTAÏ.

Es-tu allé un peu dans la ville, aujourd'hui ?

BERNARD.

Mais, oui, comme à l'ordinaire... Tous les jours je fais ma tournée, mon étape... ça me conserve les jambes.

MASTAÏ.

Y avait-il encore des groupes dans les rues, sur les places ?

BERNARD.

Oui.

MASTAÏ.

Mais on était tranquille ?

BERNARD.

Oui, sauf la langue qui roulait comme plusieurs paires de castagnettes.

MASTAÏ.

Et que disait-on ?

BERNARD.

On parlait, comme toujours, de droits, de franchises, de constitution... est-ce que je sais ?

MASTAÏ.

Ils ont raison.

BERNARD.

Eh bien! si vous trouvez qu'ils ont raison, naturellement vous leur donnerez ce qu'ils demandent... Pour lors, l'affaire peut s'arranger.

MASTAÏ, *se levant.*

Je crains un peu qu'ils ne demandent trop.

BERNARD.

Ah! dam! l'appétit vient en mangeant... Je ne dis pas ça pour vous, qui n'avez pas même achevé cette tasse de chocolat.

LE CAMÉRIERE.

Leurs éminences les cardinaux viennent présenter leurs hommages au Saint-Père.

BERNARD.

Je me retire. Il faut faire de la place, puisque c'est l'heure où tout le monde peut entrer ici, jusqu'au dernier paysan!... et je ne m'en plains pas.

SCENE XIX.

MASTAI, BALFI, MORENO, GRÉGORIO, *puis* RODOLFO, LE PEUPLE.

MASTAÏ, *aux Cardinaux.*

Messeigneurs, je ne veux pas que cette visite de tous les jours, consacrée par l'usage, soit uniquement une visite de formalité... Dites-vous bien que vous venez voir un ancien collègue, qui se souvient toujours de ses relations amicales avec vous.

BALFI.

Saint-Père, il est impossible d'allier plus que vous une noble simplicité à la souveraine grandeur.

MASTAÏ, *lui indiquant un siége en souriant.*

Je sais, mon ami, que vous n'aimez pas à rester longtemps debout.

BALFI.

Allons, Saint-Père, je vois que vous n'oubliez pas mon antipathie pour la fatigue.

MASTAÏ, *au Camériere.*

Qu'on ouvre cette porte! (*La porte du fond est ouverte, et l'on voit, sur le seuil, des gens de diverses professions et de différentes classes.—Rodolfo est parmi eux. — S'avançant.*) Mes amis, soyez les bien venus! S'il y a quelqu'un parmi vous qui ait une demande à former, une plainte à m'adresser, une injustice à faire connaître, qu'il entre, et surtout qu'il parle sans crainte... (*Il *s'assied. On lui remet quelques pétitions.)* Très-bien... c'est à moi de répondre. puisque c'est à moi qu'on écrit. Revenez donc dans deux jours, ici, à la même heure !... *(Les personnes qui ont remis les pétitions se retirent. — Mastaï met les pétitions sur le guéridon qui est près de lui. Rodolfo s'approche et vient se prosterner à son tour; il tient un papier.)* Ah! ah! notre ancienne connaissance, le Transtévère!... Eh bien! depuis le jour où vous êtes venu *(montrant les Cardinaux qui sont assis)* devant eux et devant moi, au nom du peuple qui vous avait envoyé, le peuple a eu la preuve que j'avais égard à ses vœux pour le progrès et la liberté!

RODOLFO, se levant.

Et le peuple est pénétré de reconnaissance, Saint-Père... Il s'applaudit d'avoir mis en vous ses espérances; car, au contraire des souverains qui, le lendemain de leur avénement, oublient leurs promesses de la veille; vous, qui n'aviez rien promis, vous avez beaucoup accordé.

MASTAÏ.

J'ai accordé ce que je regardais comme juste dans ma conscience, ce que commandaient les temps où nous vivons et les préceptes du Rédempteur, le Rédempteur qui, le premier, a proclamé l'émancipation du genre humain! Mais la prudence doit vous guider, et il faut quelquefois savoir attendre un peu ce qu'on ne pourrait conquérir immédiatement sans de graves dangers.

RODOLFO.

Nous attendrons, Saint-Père, parce que nous croyons en vous; ceux qui se laisseraient emporter par une impatience peut-être légitime, nous leur dirons que nous avons votre parole, et en garantie de votre parole, votre caractère... Tout ce que le peuple désire aujourd'hui, c'est qu'une constitution vienne consacrer, assurer les franchises et les libertés que vous lui avez données. *(Mouvement parmi les Cardinaux.)*

MASTAÏ.

C'est juste; car enfin je puis mourir, et il ne faut pas qu'une main, quelle qu'elle soit, vienne déchirer le contrat que ma main aura signé... Bientôt, aujourd'hui peut-être, la constitution sera promulguée.

MORENO.

On ne pourra pas dire, Saint-Père, que vous ne faites pas de concessions.

MASTAÏ.

Le mot n'est pas exact, monseigneur; je traite avec le peuple de puissance à puissance; aucun de nous ne cède, et chacun garde sa dignité!

RODOLFO.

Saint-Père, rien ne manquera à la reconnaissance, à la joie du peuple, si vous daignez approuver ceci. (*Il montre le papier qu'il tient.*)

MASTAÏ.

Qu'est-ce donc?

RODOLFO.

Votre Sainteté a ouvert les portes des prisons à un grand nombre de malheureux condamnés, innocents ou coupables, pour des délits politiques... En recouvrant la liberté, plusieurs d'entre eux ont trouvé la misère qui les attendait... Le peuple veut les secourir, et voici un projet de souscription qu'il vous prie d'approuver.

MASTAÏ, *se levant, les Cardinaux se lèvent aussi.*

Voyons! (*Il prend le papier et lit.*) « Le règne de la liberté a » commencé, et le peuple romain offre l'obole de la reconnais- » sance à ceux qui ont lutté et souffert pour la liberté! »

BALFI.

C'est un peu vif, mais ne nous fatiguons pas à discuter !

MORENO.

Comment! Saint-Père... vous allez approuver.

MASTAÏ.

Approuver !... Vous allez voir... (*Il prend une plume, écrit quelques mots et lit.*) « Je souscris pour cent scudis romains, Mastaï. » (*A Rodolfo*). Mon ami, je voudrais faire mieux, mais j'ai tant de pauvres !... (*Mouvement de stupeur parmi les Cardinaux.*) A votre tour, messeigneurs ; je vous ai donné l'exemple, et je vous passe la plume. (*Les Cardinaux signent tour à tour.— A Rodolfo.*) Allez, mon ami, et qu'on se hâte de venir en aide à ceux qui souffrent et attendent ! (*On lui remet la souscription qu'il donne à Rodolfo.*)

RODOLFO.

Merci pour eux, Saint-Père, merci pour nous !... Et quoi qu'il arrive jamais, à vous tout mon dévoûment, à vous ma vie !..... (*Il se retire ainsi que le peuple.*)

MORENO, *à Balfi.*

Où allons-nous avec de pareils principes?

BALFI.

Je ne sais pas où vous allez, vous, mon cher. Quant à moi, je vais faire un peu de sieste! (*Ils s'inclinent et sortent par le fond.*)

SCÈNE IV.

MASTAÏ, *puis* BERNARD.

MASTAÏ, *seul, regardant sortir les Cardinaux.*

Tous ne m'approuvent pas... qu'importe! (*A Bernard qui entre.*) Qu'y a-t-il de nouveau?

4.

BERNARD.

Il y a qu'on se remue dans la ville, comme si on allait passer une revue générale de tous les habitants.

MASTAÏ.

Ah! ah!... Et on est content?

BERNARD.

On crie beaucoup.

MASTAÏ.

Pourquoi?

BERNARD.

La constitution par-ci, la constitution par-là!

MASTAÏ.

Ils l'auront au plus tôt... mais, en vérité, ils sont un peu pressés! (*Entre le ministre de l'intérieur.*)

SCÈNE V.

LES MÊMES, LE MINISTRE DE L'INTÉRIEUR, *qui s'incline devant Mastaï.*

Eh bien! monsieur le ministre! et notre travail?

LE MINISTRE, *montrant des papiers qu'il tire de son portefeuille.*

Le voici, Saint-Père...

MASTAÏ, *à Bernard qui se retire.*

Bien!... Reste, Bernard, nous n'avons rien de secret à nous dire...

LE MINISTRE.

Saint-Père, j'ai suivi fidèlement les indications que vous m'aviez données; je ne me suis écarté en rien des notes que vous aviez rédigées, des bases que vous aviez posées. Vous êtes largement généreux envers le peuple romain; j'aime à croire qu'il s'en souviendra.

MASTAÏ.

Et vous, monsieur le ministre, vous aurez attaché votre nom à une œuvre qui consacrera l'indépendance des citoyens.

LE MINISTRE.

Moi, Saint-Père, je ne suis rien en ceci, et je n'ai pas le droit de m'attendre à la reconnaissance. D'ailleurs, je suis étranger, et l'histoire est là pour nous apprendre que, presque toujours, il arrive malheur à l'étranger qui s'occupe des affaires d'un peuple.

MASTAÏ.

Ce que vous dites est triste.

LE MINISTRE.

Je ne veux rien prévoir, Saint-Père... Qu'importe, au surplus!

Depuis le jour où, sans abdiquer ma nationalité, je me suis consacré à vous servir, mon dévoûment pour vous n'a fait que grandir, et je ne veux songer qu'à mon dévoûment !

MASTAÏ, *lui prenant la main.*

Merci, merci! (*Prenant les papiers que porte le ministre.*) Voyons! (*Il s'assied à droite et les parcourt.*)

BERNARD.

Voulez-vous que je vous dise, monsieur le ministre ?

LE MINISTRE.

Quoi donc, mon ami?

BERNARD.

Eh bien, si on se contentait de ce qu'il donne, il n'y aurait pas de mal.

LE MINISTRE.

C'est vrai... Le Saint-Père fait à la fois acte de bonté et de prudence.

MASTAÏ, *lisant.*

Bien!... c'est cela!... bien!...

BERNARD.

Mais je te dis jaser, m i, lorsque je me promène dans la ville. (*Cris au dehors.*) Tenez! les voilà qui jasent encore, et crânement, cette fois-ci. Eh bien! j'ai peur qu'ils n'en veuillent trop; et un beau jour, ça pourra se gâter. (*Cris plus rapprochés.*) La constitution! la constitution!

LE MINISTRE.

Le Saint-Père sera ferme autant qu'il sera bon !

BERNARD.

Euh! euh! Si vous le connaissiez! On viendrait lui demander sa robe de chambre qu'il la donnerait et qu'il dirait peut-être encore : Je vous remercie !

MASTAÏ, *se levant.*

Allons, monsieur, rien n'y manque... Le travail est bien tel que nous l'avions arrêté. (*Nouveaux cris.*) Ils demandent la constitution! ils arrivent à propos. (*Bernard ouvrant la fenêtre et y conduisant le ministre.*) Annoncez-leur qu'elle va être promulguée! (*Mastaï et Bernard s'écartent de la fenêtre, où se place le Ministre, la Constitution à la main. — Voix nombreuses éclatantes.*)

LE MINISTRE.

Peuple, voici la constitution que vous donne le Saint-Père... Elle sera, dès ce soir, imprimée et publiée dans Rome !

(*Acclamations.*) Le Saint-Père ! le Saint-Père !

LE MINISTRE.

Saint-Père, le peuple vous appelle !

(*Mastaï se met à la fenêtre, et de vives acclamations retentissent au dehors.*)

Vive le Saint-Père ! vive le Saint-Père !

LE MINISTRE, *à Mastaï revenu en scène.*

Saint-Père, les acclamations qui accompagnaient les triomphateurs d'autrefois ne valaient pas celles que vous avez fait retentir en vous montrant.

MASTAÏ.

C'est vrai, monsieur ; elles sont allées à mon cœur !... mais, gardons-nous de l'orgueil, et n'oublions pas ces paroles d'un orateur français : « Il n'y a qu'un pas du Capitole à la roche Tarpéienne ! » (*Il sort, suivi du Ministre et de Bernard.*)

DIXIÈME TABLEAU.

LA FUITE.

Le théâtre représente la grande cour du Vatican. Dans le fond, un peu à gauche, la porte monumentale qui mène à l'intérieur du palais pontifical. Quelques degrés de marbre conduisent à cette porte. — A droite, dans les profondeurs du théâtre, le panorama de Rome éclairé par la lune.

SCÈNE I.

RODOLFO, PEUPLE. (*Le peuple armé envahit la cour du Vatican en poussant des cris de révolte. Rodolfo est dans la foule et s'élance vers la grande porte comme pour contenir ceux qui l'entourent.*)

RODOLFO, *sur les marches.*

Allons! il faut vous retirer !

LE PEUPLE.

Non ! non ! à bas ! à bas !

RODOLFO, *descendant.*

Et s'il est renversé, savez-vous qui le remplacera ?

LE PEUPLE.

A bas ! à bas !

RODOLFO.

Il y a six mois, vous le portiez en triomphe, lorsqu'il vous donnait la constitution. Y a-t-il manqué ? Non... c'est vous qui perdrez tout par votre impatience!... (*Cris redoublés.*) Vous vous laissez mener par des étrangers... vous ne savez ce que vous voulez !... (*Mêmes cris.*) Je veux la liberté comme vous, autant que vous! Mais, si vous allez attaquer cet homme qui le premier a proclamé votre indépendance, cet homme à qui j'ai promis mon dévouement, le vôtre, vous me tuerez avant d'arriver jusqu'à lui !...

UN HOMME DU PEUPLE, *le menaçant.*

Prends garde !...

RODOLFO.

Je n'ai pas peur ! (*Le Peuple fait un mouvement vers le fond. Il se place sur les degrés.*) Je vous l'ai dit, vous ne passerez qu'après m'avoir tué !

SCÈNE II.

LES MÊMES, LE MINISTRE. (*Le Ministre arrive de droite ; quelques hommes du peuple l'entourent en le désignant à d'autres, qui s'approchent aussi.*)

RODOLFO, *au Ministre.*

N'avancez pas, monseigneur ; ils sont capables de tout !

LE MINISTRE.

Oui; mais, moi, j'aurai le courage de remplir mon devoir... et mon devoir m'appelle au Vatican !

L'HOMME DU PEUPLE, *à un autre groupe, en désignant le Ministre.*

C'est lui qui est cause de tout ! Mort au ministre !

LE PEUPLE.

Mort au ministre! (*On barre le passage au Ministre, qui fait des efforts pour avancer.*)

LE MINISTRE, *revenant au milieu.*

Je vous ai dit que j'irais où mon devoir m'appelle, et j'irai... (*Il parvient jusqu'aux degrés qui conduisent à la porte principale.*)

L'HOMME DU PEUPLE, *le suivant.*

Non ! tu n'iras pas ! (*Il le frappe d'un coup de stylet. — Le Ministre tombe à la renverse dans les bras de quelques hommes du peuple qui se trouvent près de lui. — La grande porte s'ouvre, et Mastaï paraît revêtu de ses habits pontificaux. — Bernard le suit, ainsi que quelques officiers du palais.*)

SCÈNE III.

LES MÊMES, MASTAÏ, BERNARD, OFFICIERS PONTIFICAUX.

MASTAÏ, *avec force.*

Malheureux ! vous avez assassiné celui qui m'avait aidé à établir la liberté romaine !... Allez ! cette main qui vous a si souvent bénis se retire de vous et vous abandonne à vos fureurs !

RODOLFO.

Partez !..... soyez heureux qu'il ne vous ait pas maudits !..... (*Mouvement de crainte parmi le peuple.*)

LE PEUPLE.

Maudits, maudits par le pape !... (*Le peuple se retire par la droite. — On a enlevé le corps du Ministre.*)

SCÈNE IV.

MASTAÏ, BERNARD, RODOLFO.

BERNARD, *à Mastaï qui a accompagné le corps du Ministre.*
Il faut partir !...

MASTAÏ.

Partir?

BERNARD.

Oui... ils ont tué le ministre; ils vous tueraient, et je ne veux
pas qu'ils vous tuent !...

RODOLFO.

Saint-Père, écoutez sa prière, suivez ses conseils... ils revien-
dront encore, car leur fureur n'est pas calmée... Epargnez-leur
un plus grand crime que celui qu'ils viennent de commettre.

MASTAÏ.

Mais je laisserais donc cette malheureuse ville abandonnée à
de sanglantes discordes !...

BERNARD.

Laissez là votre pouvoir; vous le reprendrez plus tard. (*En
sortant.*) Je vais donner les ordres nécessaires... (*Il rentre au
Vatican.*)

MASTAÏ, *à Rodolfo.*

Mon ami, c'est déserter mon poste, c'est peut-être m'éloigner
de mon devoir !...

RODOLFO.

Non, Saint-Père, non... en ce moment vous ne pouvez rien,
et plus tard ce même peuple, contre lequel vous vous briseriez
aujourd'hui, vous appellera comme son libérateur... (*Cris au
loin.*) Tenez! entendez-vous? leurs cris de fureur recommencent.

MASTAÏ.

Une voix me dit qu'il a raison... mon troupeau n'entendrait
plus la parole de son pasteur !... Allons! que la volonté de Dieu
soit faite ! (*Bernard revient.*)

RODOLFO.

Saint-Père, je vous guiderai.

MASTAÏ.

Merci !... Apôtre du Christ ! vous qui avez occupé le premier le
trône de la ville éternelle, veillez sur ce peuple que votre successeur ne peut défendre contre lui-même... (*Les cris redoublent
au dehors. — Mastaï, Bernard et Rodolfo s'éloignent et sortent
du Vatican. — Les rumeurs grossissent et se sont rapprochées.—
La ville s'éclaire de la lueur des torches.— Le bruit du tocsin se
mêle au tumulte, aux cris du peuple.— Les soldats du pape pa-*

raissent et tirent sur le peuple. — Le feu est répondu par ceux-ci qui envahissent le théâtre et se précipitent par toutes les issues, secouant des torches et brandissant des armes.)

CRIS.

A bas ! à bas !...

ACTE V.

ONZIÈME TABLEAU.

LE TRIUMVIRAT.

Le théâtre représente la salle des séances du triumvirat romain. — Portes latérales. — Grande fenêtre à droite, au fond. — Une grande table couverte de papiers est au milieu, puis trois fauteuils. — Un drapeau tricolore est pendu au-dessus de la table et retenu dans la muraille. — Le peuple à gauche, dans une grande agitation, est retenu par des sentinelles. D'autres sentinelles sont à droite près de la porte d'entrée. — Au lever du rideau, les Triumvirs paraissent tenant des papiers. Ils entrent en séance. — Acclamations du peuple :

Vivent les Triumvirs !

SCÈNE I.

LES TROIS TRIUMVIRS, PEUPLE.

PREMIER TRIUMVIR, *après avoir signé un papier, à un homme du peuple qui a le grade d'officier.*

Voici l'ordre que vous allez porter aux défenseurs de Rome, au nom du triumvirat : (*Lisant.*) «Citoyens, la patrie est en dan-
» ger; tous ses enfants doivent devenir soldats pour sa déli-
» vrance; à ceux qui nous attaquent, il faut répondre en imitant
» leurs pères levés en masse, en 92, pour repousser l'invasion de
» l'étranger...»

LE PEUPLE.

Oui, oui... très-bien !...

PREMIER TRIUMVIR.

Allez !... (*L'Officier sort.*)

DEUXIÈME TRIUMVIR, *au premier qui revient à la table.*

On nous propose encore une suspension d'hostilités...

PREMIER TRIUMVIR.

Répondez comme le comité de salut public au roi de Prusse :
« Quand vous ne serez plus sur notre territoire, nous verrons. »
(*Mouvement de joie parmi le peuple. Au peuple.*) Citoyens, vous
êtes ici, non pour nous défendre, mais pour juger si nous som-

mes au niveau de notre devoir... Nous voulons agir sans crainte et sans haine, et nous prenons pour guide suprême cette divinité qui, dans les grandes crises, en est réduite quelquefois à se voiler le visage, le patriotisme !... (*Un homme du peuple paraît à droite.*) Quel est cet homme ?

DEUXIÈME TRIUMVIR.

Le chef des barricades...

PREMIER TRIUMVIR.

Salut, citoyen... Quoi que vous ayez à nous annoncer, parlez... nous avons brûlé nos vaisseaux, et, comme les matelots du *Vengeur*, nous sommes prêts à descendre dans l'abîme...

LE CHEFS.

Les barricades tiennent toujours; pas une n'est encore emportée, mais les boulets arrivent jusqu'à elles... Je ne viens pas vous demander s'il faut rester à notre poste : je viens vous avertir !...

PREMIER TRIUMRIR.

Continuez de répondre par votre mitraille au feu de l'invasion. Les poitrines de vos intrépides compagnons seront là pour réparer les brèches...

LE CHEF.

Oui, citoyen...

PREMIER TRIUMVIR.

Si les barricades sont emportées, détruites, effacées, serrez-vous et formez une muraille vivante, impénétrable comme un mur d'airain...

LE CHEF.

Oui, citoyen...

PREMIER TRIUMVIR.

Allez !... Si nous ne vous revoyons pas, nous saurons que vous êtes mort avec honneur, et d'avance, je vous remercie au nom de la patrie reconnaissante !...

LE PEUPLE.

Vivent les Triumvirs !... (*Le chef des barricades sort. Explosion au dehors.*)

PREMIER TRIUMVIR.

Femmes ! vous êtes dignes de vos aïeules; pas une de vous n'a pâli !... (*Bruit de tambours.*) Qu'est-ce donc ?...

DEUXIÈME TRIUMVIR, *après avoir regardé à la fenêtre.*

La légion de Garibaldi qui passe... Est-ce qu'elle battrait en retraite ?... (*Vive agitation parmi le peuple.*)

PREMIER TRIUMVIR, *au peuple.*

Non !... la légion se fera tuer, mais elle ne reculera pas... (*Entre de droite le général de la légion étrangère.*) Voici le général !.

SCÈNE II.

LES MÊMES, GARIBALDI.

GARIBALDI.

Citoyens, je dois peut-être dire comme les anciens combattants du Cirque : « Ceux qui vont mourir, vous saluent !... » (*Il se découvre*

PREMIER TRIUMVIR.

Vivez, général, car, un citoyen tel que vous, renversé, c'est une armée tout entière perdue ?... Que nous annoncez-vous ?...

GARIBALDI.

Je conduis ma légion de la Porte du Peuple au château Saint-Ange... Je retournerai, quand il le faudra, à mon premier poste ; mais, tout en combattant, je veux veiller sur les timides et les traîtres... Qu'avez-vous fait pour les contenir ?..

PREMIER TRIUMVIR, *regardant le peuple.*

Nous n'avons pas voulu supposer qu'il y en aurait dans Rome... (*Approbation parmi le peuple.*) Mais, tenez... général, voici un blanc-seing du Triumvirat.. (*Il lui remet un papier.*) Soyez maître, soyez juge sans appel partout où vous combattrez... nous nous en rapportons à votre justice et à votre patriotisme... souvenez-vous aussi qu'en vous, en votre légion, nous avons plus de confiance qu'en nos remparts..

GARIBALDI.

Citoyen, j'ai bien peu de soldats...

PREMIER TRIUMVIR.

Les défenseurs du Capitole n'étaient pas plus nombreux, dans un jour mémorable, et ils n'avaient pas plus de courage !...

GARIBALDI.

Adieu donc !...

PREMIER TRIUMVIR.

Au revoir !...

GARIBALDI.

Là-haut !... peut-être ?...

PREMIER TRIUMVIR.

N'importe !... Partout où nous nous retrouverons, chacun de nous tous, citoyen ou soldat, pourra dire à l'autre : Moi aussi j'ai fait mon devoir !...

GARIBALDI, *lui donnant la main.*

Adieu !... (*Il sort. Nouveau bruit de tambours. Des notables, des habitants entrent de gauche.*)

SCÈNE III.

LES MÊMES, NOTABLES, HABITANTS.

PREMIER TRIUMVIR, *qui est retourné à la table.*

Que demandez-vous ?...

UN NOTABLE.

Citoyen, je viens parler au nom de ceux qui sont avec moi, notables et habitants de Rome...

PREMIER TRIUMVIR.

Et bien ?...

LE NOTABLE.

La ville est dans une situation périlleuse, extrême....

PREMIER TRIUMVIR.

Nous le savons... Après ?...

LE NOTABLE.

Cette situation ne peut durer...

PREMIER TRIUMVIR.

Nous l'espérons.. Après ?...

LE NOTABLE.

Tôt ou tard, demain, aujourd'hui peut-être, il faudra se rendre.... (*Mouvement parmi le peuple.*)

PREMIER TRIUMVIR, *se levant.*

Assez!... Ne parlez pas ainsi dans les rues, sur les places de Rome, car je ne pourrais ni ne voudrais détourner de vous un châtiment mérité!... Les soldats se rendent après une bataille perdue : c'est une condition de la guerre... Les nations ne se rendent pas; elles peuvent succomber, mais elles gardent le cri de liberté pour le pousser encore à l'heure où elles se relèveront !...

LE NOTABLE.

Mais que voulez-vous enfin ?

PREMIER TRIUMVIR.

Nous voulons être libres, et nous en avons le droit .. Le moment est mal choisi pour la discussion.

LE NOTABLE.

Mais quand on souffre...

PREMIER TRIUMVIR.

Croyez-vous donc que je ne souffre pas, moi aussi ?...

LE NOTABLE.

Jusqu'au pain qui va manquer...

PREMIER TRIUMVIR.

C'est dire que vous en avez encore... Je n'en ai plus, moi !... Laissons là nos misères personnelles et nos appréhensions d'individus, en présence de cette grande crise, un peuple qui s'est levé et qu'on voudrait rejeter dans la servitude !

LE NOTABLE.

Qui vous dit qu'on veut nous faire esclaves ?

PREMIER TRIUMVIR, *descendant la scène.*

Et qui vous dit qu'on a le droit de disposer de nous ?... notre des inée n'appartient qu'à nous-mêmes... Arrière les ennemis de notre liberté !... Si vous ne savez pas notre histoire d'hier, d'aujourd'hui, la voici... Nous avons voulu diviser les deux pouvoirs spirituel et temporel... Croyez-vous donc que nous accusions le Pape ?.. Non... nous nous souvenons de ses bienfaits... et lorsqu'il voudra remonter sur le trône de Saint Pierre, nous entourerons de notre respect cette haute personnification du Christianisme !... Mais le pouvoir temporel ne doit plus avoir pour emblème la crosse de l'Apôtre .. car c'est le Christ qui a dit: Mon royaume n'est pas de ce monde.... L'emblème de ce pouvoir, c'est le sceptre royal ou les faisceaux de la République !...

LE NOTABLE.

Mais depuis six mois, nous sommes livrés à l'incertitude, à la souffrance !...

PREMIER TRIUMVIR.

Est-ce à nous qu'il faut s'en prendre si, partout et toujours, l'enfantement de la liberté a été pénible ?.. Croyez-vous donc que cette conquête n'exige pas des sacrifices, et, quoi qu'il en soit, voulez-vous comparer avec les misères de la servitude ?.. Ne jetons pas notre égoïsme mesquin dans la balance où se pèse le sort de toute une nation !... Écoutez ceci, ce sont les paroles d'un partisan fanatique du despotisme, à propos d'une assemblée qui dota la France de la liberté, à travers le plus terrible des orages qui soient passés sur un peuple... « Nos neveux qui ne s'inquiéteront pas de ce que nous aurons souffert, et qui danseront sur nos tombeaux, reconnaîtront que la Convention a sauvé le plus bel empire de l'univers ! » Soyons martyrs, s'il le faut, et regardons vers l'avenir !...

LE PEUPLE.

Bravo ! très-bien ! très-bien ! (*Violente explosion au dehors ; un coup de canon plus rapproché se fait entendre, un boulet renverse un pan de muraille, abat le drapeau placé au-dessus de la tête des Triumvirs, et rentre dans la muraille au-dessus de la tête du peuple. Mouvement de stupeur.*)

UN HOMME DU PEUPLE, *perçant le groupe du peuple.*

Citoyens Triumvirs, les boulets frappent jusqu'aux murailles de ce palais !...

PREMIER TRIUMVIR.

Et pourquoi voulez-vous que nous soyons épargnés, lorsque nos frères combattent et meurent, la poitrine découverte ? (*Relevant le drapeau.*) Eh bien ! il n'était pas à sa place... Je vais le porter aux premières lignes de nos défenseurs!... et je me tiendrai près de lui... Aux remparts !...

TOUS, *criant*

Aux remparts !... (*Ils sortent.*)

DOUZIÈME TABLEAU.

ROME.

Le théâtre représente, à gauche, une grande porte cintrée qui donne dans Rome. — Devant la porte est une barricade défendue par le peuple. — Au milieu du théâtre, un chemin bordé de parapets qui va en montant jusqu'au fond et qui continue à gauche. — Vers le milieu de ce même chemin est un grand arc de triomphe. — A droite, la campagne; à gauche vieux monuments. — Au lever du rideau, quelques femmes, des enfants sont à genoux et prient. — On entend le canon et la fusillade. — Le peuple, qui occupe la barricade et qui se trouve sur le chemin, répond à ce même feu. — Arrive du fond à gauche le peuple que l'on a vu dans le Triumvirat. — Le premier triumvir est en tête, tenant toujours le drapeau. — Il va à la barricade et y plante son drapeau.

PREMIER TRIUMVIR, *au peuple.*

Romains ! j'ai promis de porter notre drapeau jusqu'aux premières lignes de nos défenseurs ! .. Le voici ! j'ai fait mon devoir... que chacun de vous fasse le sien ! (*Mouvement de transport de la part du peuple, qui s'élance vers la barricade; quelques-uns montent dessus ; le feu s'engage des deux côtés. — Tableau*)

FIN.